中國學術思想 研究輯刊

十五編

林慶彰 主編

第18冊

南朝儒經義疏之時代特色

戴榮冠 著

花木蘭文化出版社

國家圖書館出版品預行編目資料

南朝儒經義疏之時代特色／戴榮冠 著 — 初版 — 新北市：花
木蘭文化出版社，2013〔民102〕
目 4+158 面；19×26 公分
（中國學術思想研究輯刊 十五編；第 18 冊）
ISBN：978-986-322-124-1（精裝）
1. 經學　2. 研究考訂
030.8   102001954

ISBN-978-986-322-124-1

中國學術思想研究輯刊
十五編　第十八冊   ISBN：978-986-322-124-1

南朝儒經義疏之時代特色

作　　　者　戴榮冠
主　　　編　林慶彰
總 編 輯　杜潔祥
出　　　版　花木蘭文化出版社
發 行 所　花木蘭文化出版社
發 行 人　高小娟
聯絡地址　235 新北市中和區中安街七二號十三樓
　　　　　電話：02-2923-1455／傳眞：02-2923-1452
網　　　址　http://www.huamulan.tw 信箱 sut81518@gmail.com
印　　　刷　普羅文化出版廣告事業
封面設計　劉開工作室
初　　　版　2013 年 3 月
定　　　價　十五編 18 冊（精裝）新台幣 30,000 元

南朝儒經義疏之時代特色

戴榮冠　著

作者簡介

戴榮冠，台灣高雄人，國立成功大學學士、碩士，現為國立成功大學博士候選人。師事宋鼎宗、林金泉教授，並曾赴北京大學哲學系進修，研究經學、讖緯、術數學、文獻學等領域。曾在國內外研討會與刊物上陸續發表〈論南朝儒經義疏的形成——以儒釋兩家為對象〉、〈南北經學交流與南朝義疏發展之研究〉、〈西漢卦氣說之天道觀考察〉、〈清代胡安國春秋傳所體現的華夷之辨〉、〈清代論詞絕句論黃庭堅詞探析〉等文章，致力會通經緯，發揚國學。

提　要

　　南朝時期，屢經動亂，又時代更迭迅速，使得政局呈現內亂、外患並現的情勢，少有長期安定繁榮之時，而經學的發展必須有一定之社會安定基礎，在此時對經學的發展是不利的。又因新興學派並起，儒文學、史學、玄學、佛學等，在當時得到帝王、士族的支持，成為一代之風尚。諸學並立，代表的是儒學獨尊地位之不再，由於帝王的褒獎愛好，使得才學之士紛紛流向新學，對經學發展甚為不利。當時經學所呈現的，乃是內容與體例的變革、重視禮學與經說多元化面貌，筆者探索南朝義疏發展的背景，以窺視經學呈現特殊現象的成因，作為義疏之學論述之準備，是為第一章。

　　義疏之學，是南北朝時期所特有之經說體裁，本質上即是對各經經注的再詮釋。南朝由於受到時代風氣、傳統經說及新興學派的影響，使得義疏體例異於北朝，由於玄學的持續發展，使論辯談說之風滲入經學之中；佛教的講經與注經，在形式與方法上令人耳目一新，當時經學除繼承漢魏以來的解經傳統，同時又受到新的刺激，於是在解經方法上產生了變革，義疏體裁的產生是當時最具代表性的項目，筆者就南朝義疏產生之原因與體例之特色進行論述，以期能凸顯南朝義疏體裁之時代特色，是為第二章。

　　義疏之學，除了體裁有別於前代之外，在內容的表現上也同樣具有特色，由於南北呈現分裂狀態，使得雖同為義疏之名，但卻有著不同的發展型態，大體上北朝重師承，篤守漢末鄭玄之學傳統；南朝重創新融通，解經兼采各家，不泥於一家之學。北學以鄭玄之學為主，使義疏發展呈現較為統一的局面，雖然有其他學派與之抗衡，但基本上仍是呈現穩定的狀態。南朝義疏內容則非如此，一方面繼承前代經學議題，如鄭王之爭的延續，一方面博採各家之說，並時有創新之說，義疏內容所呈現的是十分豐富的面貌。南朝各經義疏的共同特徵，在於廣收古今各家之言，並融合南北義疏內容，使經學在南朝進行了內容上的交融。雖然喜好創新之說，並常有謬誤之論，但經說的整體成果，是具有正面意義的，唐代《五經正義》之作便是融合古今南北經說之代表，《五經正義》的成書，南朝儒經義疏的融通經義則功不可沒，筆者本此脈絡論述，是為第三章。

　　南朝時期，南北交流頻繁，其中常有經學之交流，因南朝學風好新穎、重融通，故於南北經學交流之時，北方學者之學說、流派流入南朝，在各家論辯的過程中，使南朝義疏之內容得以豐富與深化，這對南北經說的融合有著相當大的貢獻。筆者由史料中尋找南北交流之痕跡，並進一步探究經學交流對南朝義疏之學之影響，是為第四章。

　　最後總結南朝義疏之學，首先指出南朝義疏體例及內容兼容並蓄、勇於創新的時代特色，此點較前代更為進步，並為新思潮的產生作前置性的準備。其次，論述南朝儒經義疏具有綜括前代經說，並在內容上、體例上具有承先啟後之歷史地位，此為南朝儒經義疏之兩大時代特色，以此總結南朝儒經義疏之時代特色，是為第五章。

目次

第一章　南朝義疏發展背景

前　言

　　義疏之作，是經說注釋體裁的變革，也是經說內容的變異，它的產生起因於對前代各經說體裁及內容的吸收，以及融通玄、佛學等因子。然而，義疏為南北朝時期所共有之經說體裁，當時之所以需要新興體裁，實歸因於時代的需求。經學自漢末以來，由於政治社會的動盪，使得儒學的發展失去穩定的社會基礎；今古文經說長期的爭論，使得經學的發展漸趨僵化。漢末鄭玄雖囊括古今文，使漢代以來經說得到融通歸納，但卻也無補於此衰微的趨勢。其後王肅等人抨擊鄭玄，以另一種融合古今文的姿態自立門戶，因貴為皇戚而得到官方重視，鄭王之學者各有擁護者，雙方相互攻訐，黨同伐異，成為魏晉經學發展的主要路線之一。漢末在學派流變上呈現的是今古之爭轉變為鄭王之爭，但在儒學發展上卻是一片衰微的景象，《三國志》卷十四魏書十四〈董昭傳〉云：「竊見當今年少，不復以學問為本，專更以交遊為業。國士不以孝弟清修為首，乃以趨勢游利為先」〔註1〕，《三國志注》卷十三魏書十三〈王肅傳〉裴松之引魚豢《魏略》云：「正始中，有詔議圜丘，普延學士。是時郎官及司徒領吏二萬餘人……而應書與議者，略無幾人。又是時朝堂公卿以下四百餘人，其能操筆者未有十人，多皆飽食相從而退」〔註2〕，漢魏之

〔註 1〕 晉・陳壽撰，宋・裴松之注，《新校本三國志注附索引》，（台北，鼎文書局，1977），頁 442。
〔註 2〕 同註 1，頁 421。

間儒學衰微至此，雖有董遇、賈洪、邯鄲淳等人爲當時之儒宗，也無法挽救
經學衰微之頹勢。在此同時，何晏、王弼之流以道家思想，重新對儒家經典
做包裝，產生新的義理之學，亦即玄學，在當時廣獲人們愛好，一方面則是
厭惡僵化的章句訓詁之學，一方面則是人心趨易避難，玄學提供簡便的方法，
而趁儒學衰微之時而起，於是流風所及，綜括西晉東晉，以及南朝百餘年，
經說皆爲玄學影響所籠罩，漢代經說之原意多被蒙蔽。帝王雖欲提倡儒學，
然往往爲戰亂所阻，於是經學在此一時期呈現常期低迷的狀態。

　　降及南朝，經學同樣未能興盛，但受到各種新興思潮及解說方法的影響
之下，經說一變而爲義疏之學，經說重新詮釋的意義，乃在於闡釋舊有經說，
使能上接漢魏經學，一方面重新解說以資於治道；另一方面則爲經學延續其
慧命。但於南朝義疏發展之時，產生了特殊面貌，有別於北朝多半篤守漢代
經說，南朝由於前代玄學發達，經說於魏晉時期便已沾染玄學因子，南朝承
其緒而發揚之，於經說闡釋中每每可見玄學思想。其次，魏晉以來佛教興盛，
佛教因子的滲入，使南朝經說加入佛學的思想內容，義疏體裁的產生也受到
佛教深刻的影響。玄學、佛學滲入義疏之中，往往被後人所譏評，但每一時
代有每一時代之思潮，當經學自漢末中衰，直至南朝時期，對經義多已不甚
明瞭，經學家爲延續經學生命，必須在解說內容及詮釋方法上有所創新，當
時玄學、佛學大盛，儒經欲使人們理解，則運用當時流行之思想原是無可厚
非，一如佛教初入中國時以格義融入中國思想般，南朝經學衰微已久，欲重
新包裝，則必須運用當時流行之思想語彙以及解說方法，於是南朝義疏在內
容上呈現出多采多姿之面貌；解說方法上則承接各種經說體裁，並吸收佛教
解說方法，形成義疏之特殊體例。南朝義疏一方面延續漢代章句訓詁之學，
使人們瞭解經說之原意，一方面則勇於創新，除採用玄學、佛學等因子之外，
更於經說上自發新意，新說屢出，雖未必然合於經旨，但卻反映了當時思想
的自由活躍，這對各思潮的融合有著正面的意義，也爲後代義理之學的發展
奠定基礎。

　　宋、齊、梁、陳一百六十九年間，繼承魏晉以來的分裂局面，此時中國
處於極端混亂的局面，當時各種思潮並起，與儒學間的摩擦與融合達到高峰，
是繼先秦之後，思想上所呈現第二次群學並起的局面。新興的學派受到當時
人們的愛好，如玄學、佛學的興盛，文學、史學所受的重視，這使漢代以來
獨尊的儒學發展受到衝擊，才學之士紛紛投靠新興學派的陣營，這對經學的

發展是相當不利的。就南朝帝王而言，雖然多半認同經學對統治的重要性，並在表面上以經學爲群學之首，但即便如此，也無法扭轉風氣，甚至部分帝王本身也將儒學作爲王朝點綴的象徵，而非眞心弘揚經學，這使南朝前期經學的發展陷入困境，《南史》〈儒林傳〉云：「逮江左草創，日不暇給，以迄宋齊，國學時或開置，而勸課未博，建之不能十年，蓋取文具而已」〔註3〕，可說是南朝初期經學的基本寫照。有識之士深感經學之凌遲，對國計民生有不利之影響，於是自晉代以來，儒者對玄虛之學的駁斥，與佛教的爭端，斥文學爲雕蟲，是儒者在當時的反撲。經由一連串爭論的過程，也同時使儒學與各學進行交流，一部份儒者對各家之學採取的是調和的態度，於是經說注釋產生了改變。儒家經注受到新興學派的刺激，在體裁與內容上產生變化，其中以義疏之學的出現最具代表性，是儒學與玄學、佛學等交融下的產物，義疏的形式與內容深受玄佛之學的影響。

內容方面，自漢代以來所累積的經注，在南朝義疏中作了總整理；長期與各學派交流中，玄學、佛學等因子深入義疏內容之中；南北交流的頻繁，使得北方經說融入南朝義疏的內容之中，南朝義疏儼然成爲當時古今南北經說的大熔爐。又當時時代風氣好新尚異，經說在風氣影響下，呈現新說紛起的現象，這是南朝各經義疏的共同現象，也成爲義疏之學的重要特徵之一。以下就當代儒學現象與義疏發展狀況分別作說明，以作爲義疏之學的背景陳述。

第一節　儒學獨尊地位之不再

一、時代的動盪

南朝時期，部分君主對經學有著正確的認知，明白經學對統治者的重要性，然南北之間戰禍不斷，加上各代內亂，使得有心君王無法全面推展儒學。自劉裕建國以來，便知經學對政權的重要性，本紀載永初三年劉裕下詔：「博延冑子，陶獎童蒙，選備儒官，弘振國學」，《南史》〈禮志〉云：「武帝受命，詔有司立學，未就而崩」，未能建立國學便駕崩，儒學的復興受到挫折。其後宋文帝即位，於元嘉二十年復立國子學，並親往視學，使得儒學一時間有復興之跡象，但隨即因元嘉二十七年，北魏太武帝率大軍南下，國學再度遭到

〔註3〕唐・李延壽《南史》，（台北，鼎文書局，1976年），頁1730。

廢除。宋孝武帝於大明五年下詔修庠序，準備復興國學，但接踵而來的，是宗室之間的慘烈內鬥。逮宋明帝之世，誅殺宗室甚烈，又其愛好文學，因而儒學得不到應有的扶持，直至南齊易代，儒學始終無法全面推行。齊高帝即位不久，於建元四年詔立國學，同年高祖駕崩，其事又寢。齊武帝時，復立國學，其時王儉、陸澄在朝，又有文惠太子愛好儒術，經學一時間得到短暫重視，但武帝在位僅十年，其後齊明帝、東昏侯未能繼承，且陷入宗室內亂的局面，經學於是無法進一步推展，所謂「國學時或開置，而勸課未博，建之不能十年，蓋取文具而已」，就史料觀之，並不完全如此，儒學在前期無法得到復興，最主要仍是有心君主早殞、及內亂外患的阻礙，於是經學無法得到應有的重視。

梁武帝在位期間，是南朝經學最盛之時，天監初年武帝於南北戰爭中取得重大勝利，於是幾十年間未有大型戰爭，提供經學發展的穩定背景。梁武帝積數十年之努力，使經學獲得重要成就，然末期侯景之亂，使得經學規模毀於一旦。其後陳朝代立，也無法恢復梁代盛況，《南史》〈儒林傳〉云：「及陳武創業，時經喪亂，衣冠殄瘁，寇賊未寧，敦獎之方，所未遑也」，陳朝創立之初，尚有盜賊內亂，未及勸獎，文帝即位雖有提倡儒學，但卻無法全面振興，之後外患屢見，隨即為隋朝所兼併。南朝經學之所以無法持續盛況，時代的動盪是重要因素之一，除梁武帝時期外，其餘時期皆不足稱，可見當時經學發展受時代動盪影響，而無法穩定發展。

二、文學、史學的興盛

南朝文學、史學的興盛，對經學發展是另一阻礙。南朝文史之學之所以能夠大盛於當時，帝王的提倡是其重要原因，早自曹魏時期，曹氏父子對文史的提倡便不遺餘力。魏文帝以帝王之尊，崇獎著述，欲求不朽之名，《典論》〈論文〉云：「文章經國之大業，不朽之盛事，年壽有時而盡，榮樂止乎其身，二者必至之常期，未若文章之無窮」，由於漢末喪亂，戰禍頻仍，文人感己身之忽逝，悲身死而名沒，而文章著述之事，足以流傳後世，因此上自帝王之尊，下至文人之流，莫不以著述為要務。此時正值文學覺醒時期，強調著述以傳世的風氣極為盛行，史學之作與文學同樣，能夠傳世於後，因此兩者在當時常被同時並提，如《梁書》卷四十九〈周興嗣傳〉：「年十三，遊學京師，積十餘載，遂博通記傳，善屬文……齊隆昌中，侍中謝朓為吳興太守，唯與

興嗣談文史而已……」〔註4〕，又《陳書》卷三十四〈岑之敬傳〉：「之敬始以經業進，而博涉文史，雅有詞筆，不爲醇儒。」〔註5〕。關於南朝帝王愛好文史的紀錄，史傳、典章之書皆有記載，如《通典》卷十六〈選舉四〉云：「宋明帝聰博，好文史，才思朗捷，省讀書奏，號七行俱下。每國有禎祥及行幸讌集，輒陳詩展義，且以命朝臣。其戎士武夫，則託請不暇，困於課限，或買以應詔焉。於是天下向風，人自藻飾，雕蟲之藝，盛於時矣」，又云：「宋初迄於元嘉，多爲經史；大明之代，實好斯文。高才逸韻，頗謝前哲，波流同尚，滋有篤焉。自是閭閻少年，貴游總角，罔不擯落六藝，吟詠情性。學者以博依爲急務，謂章句爲『專魯』」〔註6〕。如前文所論，宋初至文帝元嘉時期，致力於提倡經學，但由於戰爭等因素，而使經學無法得到全面性的推展。宋明帝時期雖居於偏安，但其篤好文史，不思經術，即使在位期間立儒、道、文、史、陰陽五部學，實際上仍是偏重於文史方面，經學的發展無法得到帝王的眞正重視。宋、齊經學得以延續，乃是由於民間及世家的努力，如雷次宗、周續之、劉瓛、吳苞等人開館授徒，孜孜教誨；世家爲其實際利益，對經學中之禮學有所片面的重視，如此使經學得以繼續流傳。《南史》卷二十二〈王儉傳〉云：「先是宋孝武好文章，天下悉以文采相尚，莫以專經爲業。儉弱年便留心《三禮》，尤善《春秋》，發言吐論，造次必於儒教，由是衣冠翕然，並尚經學，儒教於此大興」〔註7〕，齊代延續劉宋崇尚文學的風氣，經學此時並不受重視，王儉獨標經學旗幟，且當時並有高帝、武帝二人提倡，於是經學暫時得到一定的重視。至王儉之孫王承，又回復到重文輕儒的風氣，本傳云：「時膏腴貴遊，咸以文學相尚，罕以經術爲業，唯承獨好儒業」，從列傳記載中，能夠側面得知當時經學風氣的低靡。

到了梁代，梁武帝雖重視經學，但對文學也深爲愛好，《南史》〈文學傳序〉云：「自中原沸騰，五馬南渡，綴文之士，無乏於時。降及梁朝，其流彌盛。蓋由時主儒雅，篤好文章，故才秀之士，煥乎俱集。於時武帝每所臨幸，輒命群臣賦詩。其文之善者，賜以金帛。是以搢紳之士，咸知自勵。」〔註8〕南朝經學，以梁武帝時期最爲興盛，勸課教學、獎勵儒術不遺餘力，經學在

〔註4〕唐・姚思廉等，《梁書》，（台北，鼎文書局，1983年），頁697。
〔註5〕唐・姚思廉等，《陳書》，（台北，鼎文書局，1983年），頁462。
〔註6〕唐・杜佑，《通典》，（台北，商務印書館，1987），頁389。
〔註7〕《南史》，頁595。
〔註8〕《南史》，頁1762。

此時不能說是受壓抑的狀態，但武帝在提倡儒學之餘，對當時流行的文學也同樣傾心，由以上君臣間談謔賦詩的情形，則武帝愛好文學的程度可見一斑，所謂「其文之善者，賜以金帛」、「搢紳之士，咸知自勵」，由於利祿吸引、時代風尚雙重誘惑之下，使才學之士分散精力於文學，對經學的發展仍舊是不利的。《陳書》卷三十三〈沈洙傳〉云：「大同中，學者多涉獵文史，不爲章句，而洙獨積思經術，吳郡朱异、會稽賀琛甚嘉之」〔註9〕，梁武帝大同年間，學者多習文史之學，而不肯鑽研經學，梁武帝即位之初提倡儒學，使儒學獲得了相當大的進展，但到了後期，由於文史.學的誘惑力畢竟大於經學，經學的發展又如同齊代一般，呈現時盛時衰的景象。其後如陳後主愛好文學，《陳書》〈文學傳序〉云：「後主嗣業，雅尚文詞，傍求學藝，煥乎俱集。每臣下表疏及獻上賦頌者，躬自省覽，其有辭工，則神筆賞激，加其爵位，是以搢紳之徒，咸知字勵矣」，對文采辭工之徒加以賞賜，《梁書》卷十四〈江淹、任昉傳〉云：「陳史部尚書姚察曰：觀夫二漢求賢，率先經術；近世取人，多由文史」〔註10〕，足以說明南朝以來重視文史之學的現象。另外，南朝文史並舉，可從當時文人傳記中得到訊息，如宋謝靈運、梁沈約、陳阮卓、傳緯等，並以文學知名，而謝靈運曾奉命修纂《晉書》，沈約乃主編《宋書》，阮卓曾任著史學士，傳緯曾任撰史學士，文筆精良之士，每授以史官，可見文學與史學在當時被視爲同流，同樣受到帝王的重視。

三、玄學、佛學的盛行

自魏晉以降，玄風大盛，貴族、文士每以談說爲務，多無心於經術，《南史》〈儒林傳序〉云：「洎魏正始以後，更尚玄虛，公卿士庶，罕通經業。時荀顗、摯虞之徒，雖議創制，未有能易俗移風者也」，此時師法既壞，又乏帝王勸講儒術，經學發展是以衰微。自永嘉喪亂以來，士人疾呼清談之誤國，玄學之風暫時遭受壓抑，然士族談說已成習性，又江左兼山川之美，易啓人玄思，玄學在地利、人和下又復興盛，終南朝百餘年，玄學之風未能斷絕。玄風既盛，《二十二史箚記》〈六朝清談之習〉云：「當是時父兄師友之所講求，專推究老莊，以爲口舌之助，五經中唯崇易理，其他盡閣束也。至梁武帝始崇尚經學，儒術由之稍振，然談義之習已成。所謂經學者，亦皆以爲談辨之

〔註9〕 《陳書》，頁 436。
〔註10〕 《梁書》，頁 258。

資」，這很能說明玄學的興盛爲何阻礙經學發展的原因了，《易經》受到重視也只反映了談辨之資的需求，梁武提倡儒學，雖有振興之功，但此時經學已受玄學深刻影響，未必全然是經國致用之學。

其次，佛學盛行於南北朝，對經學發展同樣產生不利的影響。帝王公卿信仰佛教者甚眾，宋時如武帝、文帝、孝武帝；齊代則高帝、武帝、文惠太子、竟陵王等人崇尙；梁代則武帝時期，將南朝佛教信仰推至高峰；陳代則武帝、文帝、後主。綜觀全部南朝，大半帝王對佛教皆甚爲傾心，而佛教理論中與傳統儒家思想多有齟齬，由何承天、劉孝標、顧歡、郭祖深、荀濟、范縝等人與佛教的衝突中，足見儒學本身與佛教存在著相當大的矛盾，但統治階級的態度卻多偏坦佛教，使佛學在數次衝突中更爲壯盛，在彼此勢力消長之下，對儒學的發展有一定的阻礙。又崇佛風氣盛，使許多人才投入佛教陣營，無形中削弱了儒家陣營的力量。清人馬宗霍云：「然武帝晚耽禪悅，信道不篤，自三度捨身。於是所臨幸者，同泰、重雲、愛敬、開善、善覺等寺；所開說者，《涅槃》、《般若》、《大品》、《淨名》、《三慧》諸經。竺乾之典日密，周孔之言日疏，尋遘亂亡，聖業用替。南學之所以卒未大昌者，斯蓋其一因也」，梁武帝推行儒學功冠南朝，然其晚年耽溺佛教，使長期經營的儒學事業告於停頓，靡不有初，鮮克有終，南朝儒學之多舛令人惋惜。《二十二史劄記》〈南朝經學〉云：「南朝經學本不如北，兼以上之人不以此爲重，故習業益少」，這說明了文學、史學、玄學、佛學的興盛對儒學發展所產生的負面影響。

第二節　南朝經說發展特色

一、新經說體裁的產生

南朝時期，經說受到新興學派的影響，如玄學、佛學、文學，使解經體例上產生了重大變革，其中最具代表性的，便是「義疏」一體的產生。義疏一體最大的特色在於其產生的過程，深深受到佛教、玄學的影響，其敷座講演，廣論眾說，並藉由論難者反覆問答的過程，加以文字的紀錄，便是義疏產生的基本形式，清人馬宗霍云：「緣義疏之興，初蓋由於講論。兩漢之時，已有講經之例，石渠閣之所平，白虎觀之所議，是其事也。魏晉清談，把麈樹義，相移成俗，談玄以談經，而講經之風益盛。南北朝崇佛教，敷座說法，

本彼宗風，從而效之，又有升座說經之例。初憑口耳之傳，繼有竹帛之著，而義疏成矣」〔註11〕，可見義疏的產生，是依照佛教講經的形式，並融入玄學論辯的元素，將彼此論難的過程記錄下來，便成為南北朝時期特有的義疏之作。南朝義疏之中，尚保有經說論辯的過程，如《齊永明諸王孝經講義》中即記載文惠太子與王儉等人的論難往來，這應是玄學論難風氣移轉到經學上的例子。自魏晉玄學興盛以來，貴族、文士間每以玄義相滯，談說的目的在於如何取勝對手，於是論難之事時有所聞，其後南朝繼承此風，並結合佛教說經模式，形成特殊的解經型態，產生了義疏的新體例。

其次，文學、佛學對經說體例的影響，在於對音韻之學的重視。魏晉南北朝佛教興盛，佛典進入中原之時，翻譯之事往往需要採用轉讀、反切，經過長期語言磨合，反切之學便逐漸完整，四聲之說也趨興盛；又南朝文學繼承晉代以來文字堆砌之風外，更進一步強調聲韻之美，南朝文學被後世稱為唯美文學，其中重視音韻是關鍵之一。兩者交互影響之下，經注中音訓之學便逐漸興盛。自晉代以降，經說音訓的體例逐漸增多，義疏之作中也常有兼重音義的情形，如沈重《毛詩義疏》文句採偕音方式即為明證。到了南朝末期，陸德明《經典釋文》的出現代表著南朝音訓、義訓的總成果，是繼義疏之外，南朝經說體例的一大成就。

二、禮學受到重視

如前文所論，南朝時期文、史、玄、佛諸學並興，使儒學失去其獨尊地位，並且在某些時候是極為衰微的，但在此同時，禮學卻能一反常態地受到當時人的重視，並在經說詮釋上取得前所未有的成績，這看似矛盾的現象，其實是有跡可尋的，可以分為帝王與世家兩方面的需求來作說明。

首先，以帝王來說，由於南北朝長期處於分裂狀態，當時在雙邊征戰之外，所謂「正統」之爭也是當時重要課題之一，秦永洲〈東晉南北朝時期中華正統之爭與正統再造〉一文中，分析南北朝正統之爭的議題〔註12〕，其中「南北政權，誰是華夏文化中心」一項，分「標榜華夏禮儀之邦」、「顯示衣冠人物之盛」、「以使者為爭正統的喉舌」三點論述，可概括說明南北朝時期

〔註11〕清·馬宗霍，《中國經學史》，頁85。
〔註12〕詳見秦永洲，〈東晉南北朝時期中華正統之爭與正統再造〉，《文史哲》1998，1。

運用經典以爭取正統的模式。南北君主各自標榜正統，華夏文化傳統的延續象徵著正統王權的繼承，這正是南北統治者所需爭取的地盤，其中對傳統禮儀的實踐正是對經典的具體落實，也是政權的重要象徵之一。南朝既失漢魏舊都，在正統之爭上失去地利，於是對南朝來說，致力於實踐禮學有其實際的需求，如此才足以與北朝互別苗頭。南朝帝王多識此理，一方面派遣使者相互往來，於機辯對答中各自強調正統；一方面則正視禮學重要，即便是不好儒學的君主，於行事舉動、禮儀典章等制度，皆本經典而作，這在當時史傳如《宋書》、《齊書》〈禮志〉、《隋書》〈禮儀志〉中可看到大量的記載，因此在當時對禮學的探討甚爲深入，朝臣議禮之事時有所見。南朝君主，如梁武帝眞心重視經學者固然不多，但由於政治利益的考量，使得當時的禮學普遍得到帝王的重視，這對禮學的推動有極大的幫助。

其次，禮學得以興盛，與世家大族的實際需求大有關係，世家大族在南朝時期雖同樣享有特權，但政治權力卻不同以往，有逐漸減弱的趨勢，這對門閥的發展是有威脅的，各族爲求延續門族興旺，僅能在象徵意義上作努力，以保世代不衰。自魏晉九品中正以來，門閥勢力極盛，足以左右朝政，公卿之流，盡爲數家所據。然自東晉以降，世家雖保有政治、社會上的特殊權力，但其政治實力已逐漸被君王所卸去，如晉元帝忌王氏之盛，用刁協、劉隗等人，至南朝時期更爲明顯，趙翼《二十二史箚記》〈南朝多以寒人掌機要〉一文，即明確指出世家大族在此時的情境，其文云：「至宋、齊、梁、陳諸君，則無論賢否，皆威福自己，不肯假權於大臣。而其時高門大族，門戶已成，令僕三司，可安流平進，不屑竭智盡心，以邀恩寵，且風流相尚，罕以物務關懷，人主遂不能藉以集事，於是不得不用寒人」，南朝時期延續九品中正之風，士族不論朝代如何更替，表面上皆能享有政治上的特殊禮遇，但帝王在暗中卻漸漸削弱士族的勢力。由於南朝帝王皆爲寒人子弟出身，雖然位居九五，但魏晉以來門閥之見已深入人們心中，帝王對士族是採取拉攏的態度，士族自然處於官宦任用的多數，帝王心中對士族多所忌憚，深怕一旦位高權重，則帝王之位不保，因此除將實際權力賦予寒人之外，對士族也多有箝制，如《南史》卷二十三〈王彧傳〉云：「上既有疾……慮一旦晏駕，皇后臨朝，則景文自然成宰相，門族強盛，藉元舅之重，歲暮不爲朝臣。泰豫元年春，上疾篤，遣使送藥賜景文死，使謂曰：『朕不謂卿有罪，然吾不能獨死，請子

先之。』因手詔曰：『與卿周旋，欲全卿門戶，故有此處分』」〔註 13〕，世家表面上位居特權階級，實則隨時有傾覆的危機，因此士族紛紛以玄學無爲之態度爲處事原則，「朝隱」的觀念盛於南朝。士族在當時有其生存的危機，因而每思自保之方，欲維持其勢力，則貴賤之別的象徵意義不可缺少，而禮學明貴賤之分，別上下之異，其中以《儀禮》〈喪服篇〉中記載親疏貴賤之別該服何等之服最爲精密，正可供士族作爲區別貴賤的依據，因此士族莫不重視此篇，加以注解。自魏晉以來，有關〈喪服〉的注釋不勝枚舉，是三禮學中最受重視的一篇，南朝延續注釋〈喪服〉的傳統，並取得重要的成績，爲後人所重視。

　　禮學受世家重視自有其淵源，魏晉以來便有此傳統，至南朝世家處境更是危險，於是禮學的需求較前代更爲迫切，強調禮學除區隔貴賤之用外，也是維繫門第的重要保障，部分士族學習經典以保持家風，如王儉、王承之流，但如前文所提，多數士族仍舊無心於經學，以文學爲尚，由此可知禮學受重視並不見得是出自世家眞心崇尚，其實際利益才是多數士族重視禮學的原因。

三、經說多元化

　　義疏之作，本在疏通經義，使經說大意更爲深刻明顯，南朝諸家於解釋經說時，基本上皆致力於闡明經義或注本之說，前人之說有所衝突之處，疏家或折衷兩說、或依時代需求而取用，當時經學存在的是較爲客觀、開放的態度。北學大體重師說傳承，於是師承、經說一脈相承；南學重融通，於前人經說互有取捨，不專主一家之學，兼採各說的結果，使得經說呈現較多元化的模式，而非固守一家之言，對經說的融合較有助益。

　　其次，疏家於闡發經注之外，有時說經則違背注本之說，並於前人之說無所取擇，所論之理常發前人所未發，這種情形，普遍存在於各經之中。南朝時期，累積前代注家之說已達到某種程度，注釋之時若專從一家，或只採取各家，則無異於前代經注、集注之體裁。義疏之所以爲義疏，必有不同於前代的特色，於經說內容方面，務求能有所突破。南朝由於各種新思潮的產生與興盛，如玄學、佛學的盛行，使同時期的人多沾染玄、佛觀念，經學家自然是其中之一，且當時人既風靡玄、佛，則解經者必須以類似的詞彙、概

〔註13〕《南史》，頁 635。

念以說經，才能使人更容易理解。如前所說，南朝義疏受到玄學影響甚深，玄學論辯既以取勝對手為目的，則談論必須能發人所未發，《南齊書》〈王寂傳〉載其父王僧虔誡子云：「談故如射，前人得破，後人應解，不解即輸賭矣……汝曾未窺其題目，未辨其指歸……而終日欺人，人亦不受汝欺也」〔註 14〕，這概括說明當時玄談之士的共同心態。基於此，於是好新尚異之風遍及南朝，義疏之作，也常有新穎之論，究其原因，當與玄學崇尚新意的風氣脫不了關係，《二十二史箚記》〈六朝清談之習〉中評論南朝經說，其文云：「是當時雖從事於經義，亦皆口耳之學，開堂升座，以才辨相爭勝，與晉人清談無異，特所談者不同耳。況梁時所談，亦不專講五經」，這種批評是有其根據的。南朝義疏之作，部分是講經論說之記錄，部分則是直接書寫之著作，對於書寫著作的一家之言，自然不如趙翼所言，但講經記錄則類似玄談，只是將話題轉向五經罷了。

小　結

　　南朝義疏的發展，如上所述，內容的呈現十分豐富，總結了南朝以前經注，並採取各家之說，為前代經說作一總整理，且因當時風氣好尚新解，雖常有論說無據之處，但對經說義理的發展有一定的幫助。又南北經說交流呈現在南朝義疏之作中，為《五經正義》之作完成了經說融合的準備，可以說南北朝各種思想融合的成果，具體呈現在南朝義疏的內容中，這點是北朝義疏所無法達成的，不論其說正確與否，至少對各思潮的融合作了相當的貢獻，宋代理學兼涉三教之說，南朝義疏之作可謂其濫觴。由於南朝儒經義疏內容、體例上的特殊性，因此在經學史、思想史及經說注釋體的發展上，當有一定的歷史地位，筆者分三章論述南朝儒經義疏之體例、內容，以說明其時代特色。

〔註14〕《南齊書》，頁 598～599。

第二章　儒經義疏體裁的創新

前　言

　　南朝儒經義疏的產生，在淵源上是多方面的，有源自佛教的影響，有本於儒家經說的傳承，在風格上呈現出多樣化的面貌。然而，在經說的詮釋上，每一時代都有其代表性的體裁，而南朝儒經義疏吸收各種特色，則其所呈現出來的時代特色為何，這是值得注意的方向。清人馬宗霍對義疏的產生有一段敘述：

> 緣義疏之興，初蓋由於講論。兩漢之時，已有講經之例，石渠閣之所平，白虎觀之所議，是其事也。魏晉清談，把塵樹義，相移成俗，談玄以談經，而講經之風益盛。南北朝崇佛教，敷座說法，本彼宗風，從而效之，又有升座說經之例。初憑口耳之傳，繼有竹帛之著，而義疏成矣。

這段敘述，確實能概括南朝儒經義疏的產生原因。「義疏」一體，源自於儒釋兩家的解經方式，而魏晉講經之風的盛行，也對義疏的產生有推進的作用，但這只有涉及經說形式的沿革，卻沒有涉及解經方法的探討。南朝儒經義疏，源於各種體裁與學風的變革，總的來說分為解經形式的沿襲以及解經方法的延續，本章試圖就儒釋兩家對儒經義疏的影響作一探討，並論學術風氣的改變對義疏產生的影響。其次，就南朝現存儒經義疏進行分析，藉由歸納經說類型與經說方法的過程，揭示儒經義疏的獨特之處。其有所傳承但又別出心裁的時代特色，乃是南朝儒經義疏的價值所在，因此，本章分兩大部分進行論述，一是儒家義疏的產生因素，二是儒經義疏體例的探討，以期能釐清南

朝儒經義疏體裁的面貌，並進一步論述其時代意義，以下分別進行論述。

第一節　儒經義疏產生的因素

一、佛教之影響

（一）義疏文體概說

　　義疏一體，如馬宗霍所云，是受到佛經講經形式的影響，所謂「敷座說法，本彼宗風，從而效之」，但是「疏」的文體本身是必須探討的。「疏」在文體上有其專指的意義，並不如一般以為「疏」即是「疏通」之義，因此首先必須對「疏」進行論述。「義疏」本身所代表的意義，「義」是指義理無疑，而對「疏」的理解，多半是引用《說文解字》的說法，《說文・疋部》云：「𤕟，通也」，段玉裁注云：「此與疋部疏音義皆同。」《說文・疋部》云：「疏，通也」，段玉裁注云：「疏與𤕟音義皆同，皆从疋者，疋所以通也……疏之引申，為疏闊、分疏、疏記。」〔註1〕將「疏」作「疏通」解，是一般對義疏的理解，然尚永琪考證義疏起源，主張「疏」應如段玉裁所說，是「疏記」之意。〔註2〕魏晉時期，「疏」作為條列諸事或記載文論的專名，是頗為盛行的，如《晉書・文苑傳》：

　　　　左思……造《齊都賦》，一年乃成。復欲賦三都……遂構思十年，門

　　　　庭落涸皆著紙筆，遇得一句，即便疏之。〔註3〕

「疏」在漢代，是臣下給帝王的的奏議，如《後漢書・徐防傳》：「防以五經久遠，聖意難明，宜為章句，以悟後學。上疏曰……」〔註4〕，是分條陳述事情的意思。「疏」一體的由來，原是與「疏通」無涉的，東晉南朝所產生的「義疏」一體，其「疏」仍是指記載而言，尚永琪以為「『疏』作為一種文字記錄來講，其功用在於『以書代詞，因詞見意』。也就是說，將言論或思想記錄下來就是疏」〔註5〕，這作為「疏」一文體的說明是很恰當的。因此，佛經義疏

〔註1〕　《說文解字注》，清 段玉裁著，（台北，藝文印書館，民86年4月初版9刷），
　　　　　頁751。

〔註2〕　詳見尚永琪著《六朝義疏的產生問題考略》，載《中國典籍與文化論叢》第六
　　　　　輯，（北京，中華書局，1993年出版），頁381～415。

〔註3〕　《晉書・左思傳》，唐 房玄齡著，（台北，鼎文書局，民65），頁2376。

〔註4〕　《新校本後漢書并附編十三種》，劉宋 范曄等撰，（台北，鼎文書局，民66
　　　　　年），頁1500。

〔註5〕　見尚永琪著《六朝義疏的產生問題考略》一文。

在原始的意義上，是指敷演佛經經義所留下的文字記錄，這種方式被儒家的經師所沿用，而儒經「義疏」本意也是敷演儒經經注義理所留下的文字記錄，「疏」用在「義疏」體裁上，原本是不作「疏通」解的。

然而，就功用層次來說，「義疏」在內容上的確有著疏通、闡揚經義的功能，雖然這不是它之所以稱為「疏」的原因。魏晉以來，捨章句而從義理，凡為注疏，皆以申明大義為先，佛經、儒典多本此而作，在內容上本來就注重經義的闡揚，因此「疏通」一義是魏晉注疏的普遍現象，。雖然「疏」為記錄之意，但因著作內容多為闡揚大義，因此「疏」被賦予「疏通」之意是可以理解的，這算是附加上去的意涵。另外，就義疏一體的整體發展來看，起初義疏的產生是將論說形諸文字的，但後來義疏的產生則發生了質變。據牟潤孫研究，南朝講經的形成有許多樣式，有先講後紀錄的，這是傳統義疏的形式；有先撰疏而後講的，如學校講義般；有記他人之說而命人講說的。〔註6〕以上各種形式，尚有未舉例者，總的來說不離「講」字，這時義疏同時具有「疏記」以及「疏通」兩種意義。但在陳隋之間，智脫法師所撰論疏，則有轉變為著作的趨勢，牟潤孫云：「脫為陳隋間法師。未講《成實論》而煬帝使之著論疏……脫之論疏等皆所以供煬帝披覽，而非為講述，則已漸趨變化，有以著述為主之勢。」〔註7〕雖然智脫法師同樣也有講經的義疏，但義疏的性質已經產生了質變，不再一定是將言論或思想記錄下來的文字記錄。到了唐朝，孔穎達等人奉敕撰《五經正義》，「正義」即有正定南朝義疏之說的意思，它本身也就是義疏的創作，這時的義疏，則已經轉變成純粹的著作，原本「以書代詞，因詞見意」的意涵已經消失，剩下的則是「疏通」之意，雖然唐朝仍有以講經記錄為主的義疏創作，但義疏的意涵已經產生了轉變，唯一不變的，是「疏通」經義之意。由此可見義疏一體，在歷史的演變過程中所產生的變化。

（二）佛經三分科判對儒經義疏之影響

其次，南朝義疏的產生，則是受到佛經經疏寫作的影響。現存最早的義疏，據牟潤孫所言是東晉法崇的《法華義疏》〔註8〕，而佛經義疏產生的初期，則東晉道安為最重要的人物，湯用彤云：「道安之前，雖有註經，然注疏創始，

〔註6〕見牟潤孫著《論儒釋兩家之講經與義疏》，載於《新亞學報》4 卷 2 期。
〔註7〕同上。
〔註8〕同上。

用功最勤,影響最大者,仍推晉之道安。」〔註9〕,《高僧傳》云:

> 釋道安既達襄陽,復宣佛法。初,經出已久,而舊譯時謬,致使深
> 義隱沒未通,每至講說,唯敍大義轉讀而已。安窮覽經典,鈎深致
> 遠,其所注《般若》、《道行》、《密迹》、《安般》諸經,並尋文比句,
> 爲起盡之義,及析疑甄解,凡二十二卷。序致淵富,妙盡深旨。條
> 貫既序,文理會通,經義克明,自安始也。

如前所說,「疏」是講經的記錄,當時佛經的講經是「唯敍大義轉讀而已」的窘
況,道安首先深入經義,所講經義理致貫通,深得經旨,初步改變了佛教講經
的質量。在這個基礎下,道安又進一步創發了「三分科判」式義疏。「三分科判」
即是將佛經分爲序分、正宗分、流通分三個部分,吉藏《仁王疏》云:

> 然諸佛說經,本無章段。自道安法師,分經此爲三段。第一序說,
> 第二正說,第三流通說。序說者,由序義,說經之由序也。正說者,
> 不偏義,一教之宗旨也。流通者,流者宣布義,通者不壅義,欲使
> 法音遠布無壅也。

良賁《仁王疏》云:

> 解本文者,先總科判,後隨文釋經……昔有道安法師,科判諸經,
> 以爲三分,序分、正宗分、流通分。故至今巨唐,慈恩三藏譯《佛
> 地論》,親光菩薩釋《佛地經》,科判彼經,以爲三分。然則東夏西
> 天,處雖懸曠,聖心潛契,妙旨冥符。

由上文可知,道安創三分科判,恰與親光菩薩雷同,但並非是抄襲體制。三
分科判的目的,是使經說條目分明,便於闡說經義,「先總科判,後隨文釋經」
爲三分科判的功用。三分科判的形式,到後來愈加繁複,分條別章,論說經
義更爲細微,湯用彤評論:「至若科判,則亦時愈後者分愈密。《金剛般若經》
文少,而相傳梁昭明太子分爲三十二分……而晉朝道安爲《放光般若》二十
卷,作《起盡解》只一卷。亦可見後來注經之密,而佛教義學頗轉爲經師之
學也。」〔註10〕所謂「經師之學」,即如漢代章句之學一般,篇幅極爲繁複,
失去了原有「義學」的簡約融通精神,而南朝儒經義疏,正是在三分科判高
度發展下產生的解經形式。南朝義疏中,每每可見佛經三分科判的影響,如

〔註 9〕 《漢魏兩晉南北朝佛教史》,湯用彤著,(台北,商務印書館,民80年臺二版
　　　　一刷),頁546。
〔註10〕 《漢魏兩晉南北朝佛教史》,頁552。

皇侃《論語義疏》敘云：

> 凡通此論字，大判有三途：第一捨字制音，呼之爲倫；一捨音依字，而號曰論；一云：倫論二稱，義無異也。第一捨字從音爲倫，說者乃眾。的可見者，不出四家。一云：言此書事義相生，首末相次也。二云：倫者理也，言此書中蘊含萬理也。三云：倫者綸也，言此書經綸今古也。四云：倫者輪也，言此書義旨周備，圓轉無窮，如車之輪也。〔註11〕

周弘正《周易義疏》：

> 周氏就《序卦》以六門往攝，第一、天道門，第二、人事門，第三、相因門，第四、相反門，第五、相須門，第六、相病門。如《乾》之次《坤》、《泰》之次《否》等，是天道運數門也；如《訟》必有《師》、《師》必有《比》等，是人事門也；如因《小畜》生《履》、因《履》故《通》等，是相因門也；如《遯》極反《壯》，動竟歸止等，是相反門也；如《大有》須《謙》，蒙稚待養等是相須也；如《賁》盡致《剝》，進極致傷等是相病門也。〔註12〕

儒家經說運用科判解說，是極爲繁複的，本來是解釋「義」理的「疏」記，到後來卻像是漢代章句之學一般繁重，這也印證了湯用彤所說，「義學」轉爲「經師之學」。然而，這種分判章節，隨文釋經的方式有別於漢代章句的形式，是更爲縝密有條理的模式，明顯是取法佛教，並非源於漢代的。南朝儒家解經，運用三分科判式的情形屢見不鮮，這也反映了佛教在當時盛行的程度。

　　然而，佛經三分科判的產生，則有其演進過程。早期佛經剛傳入中國時，僧人們對於佛經翻譯的重點在於事數之學，亦即佛經名相的詮釋，如東漢桓靈時安世高「特專《阿毗曇》學，其所出經，禪數最精。」〔註13〕當時經注猶如訓詁之學，專明佛教名相，但在翻譯時並無法完全符合佛經所指的內涵及外延意義，致使經義支離破碎，使人難以瞭解。講解佛經的另一支線爲「格

〔註11〕見《論語集解義疏》，梁　皇侃著，（台北，廣文書局，民80年9月再版），頁3～4。

〔註12〕《周易正義》，頁186。見《十三經注疏》，（台北，藝文印書館，民86年8月初版13刷）。

〔註13〕《全晉文》卷158，釋道安《安般注序》，見《全上古三代秦漢三國六朝文》，嚴可均校輯，（北京，中華書局，1958年）。

義」之學，試圖以中國本有概念來詮釋佛經，使佛經更能契合中國，據何錫蓉所論，則格義之學早於漢代就已產生，魏晉時期則沿用而發揚〔註14〕。「格義」一詞的簡單定義，如《高僧傳》卷四《晉高邑竺法雅》云：「時依雅門徒，并世典有功，未善佛理。雅乃與康法朗等，以經中事數，擬配外書，爲生解之例，謂之格義」，藉由「外書」，即中國書籍經典，與佛教中的事數名相互相比擬，使門人能夠更容易理解佛經經義，這是佛經解說的另一發展。

　　到了西晉，大乘義學興起，主要是闡發般若學〔註15〕，若僅以事數或格義解經，已經無法表達更深層的形上思想，於是不同的解經方式應運而生。如竺佛念譯《千佛名號》時，「或離文而就義，或正滯而旁通，或取解於誦人，或事略而取備」，支遁講經時「每至講肆，善標宗會，而章句或有所遺，時爲守文者所陋」，這種「離文而就義」講經方式，無疑是受到魏晉時期言意之辯的影響。魏晉時期，普遍有著反省論辯的風氣，言意之辯在經注的運用上，是對漢代章句之學的繁複做一通盤的檢討，這時流行著「得意忘言」的思想，反映在學術上即是章句的沒落與義理的興起，道安身處其時，於論說中可見其受言意之辯的影響，如《道行般若波羅密多經序》云：

　　　考文以徵其理者，昏其趣也；察句以驗其義者，迷其旨也。何則？
　　　考異則同異每爲辭，尋句則觸類每爲旨。爲辭則喪其卒成之致，爲
　　　旨則忽其始擬之義。若率初以要其終，或忘文以全其質者，則大義
　　　玄通，居可知也。從始發意，曲成決著，八地無染，謂之智也。

從上文可知，道安反對以章句訓詁的方式解釋佛經，「考文以徵其理者，昏其趣也；察句以驗其義者，迷其旨也」，也反映了當時佛經翻譯的弊端，這種反省與同時期儒家經典是一樣的。由於受到言意之辯的影響，主張解釋佛經應當「率初以要其終，或忘文以全其質」，這同於「離文而就義」的解說態度。道安由此爲出發點，創發了三分科判式的解說方法，這是在反省儒家經典的風氣影響下所產生，而這種方法直接影響到南朝義疏的解經模式，由此可見儒家經說與佛家經說，在演進上相互的融通影響。

（三）合本子注對儒經義疏之影響

　　在佛經科判之外，尚有一種解經方式影響南朝儒家義疏，就是「合本子

〔註14〕見何錫蓉著《從格義方法看印度佛學與中國哲學的早期結合》，《上海社會科學院學術季刊》，1998年第1期。

〔註15〕同上。

注」的解經方式〔註 16〕，湯用彤云：「《祐錄》卷十，載其序文曰……此書合列經文，有似會譯。分列事數，取一經文為母，其他經事數列為子……後世會譯子注，蓋均原出於此。而其最初則似由於漢代講經之法也。」〔註 17〕「合本子注」湯用彤稱為「會譯」，是取一經本作為母本，而廣採諸家各本進行比較，使經義能夠明瞭。《出三藏記集》卷八錄支愍度《合維摩詰經序》云：

> 此三賢者（支恭明、法護、叔蘭）並博綜稽古，研幾極玄，殊方異
> 音，兼通開解。先後譯傳，別為三經……若其偏執一經，則失兼通
> 之功。廣披其三，則文煩難究。余是以合兩令相附，以明所出為本，
> 以蘭所出為子，分章斷句，使事類相從。令尋者瞻上視下，讀彼案
> 此，足以釋乖迕之勞，易則易知矣。若能參考校異，極數通變，則
> 萬流同歸，百慮一致，庶可以闚大通於未窮，闡同異於均致。

這段資料可說是「合本子注」的最佳注解，支愍度認為三家注經互有長短，若三家兼容，則過於繁重，於是「以明所出為本，以蘭所出為子」，採一家之說以為本，其餘則作為考校同異的參考資料，如此則能比較經說優劣，又不失於繁重。湯用彤以為此種方法應是源於漢代儒家經說，這兩者確實有關係，漢代經說本以章句之學為主流，儒者只通一家之說，但其中有部分儒者採取兼通異說的方法解釋經義，如西漢夏侯建「左右采獲，又從五經諸儒問與尚書相出入者，牽引以次章句，具文飾說」，〔註 18〕東漢賈逵疏通各經異同，這種學風促使魏晉「集解」之體的產生（關於學風的轉變，下文詳論）。早在漢代便有融通經說異同的例子，而產生出與魏晉集解不同的面貌，佛經的解說繼承這種方式並加以改變。「合本子注」表面上與集解並無二致，但集解的形式並非以一本經說為底本，再兼採諸家以做比較，它是集合各家之說以解經，採取諸家之可取者，若諸家經說不足者，則自下己意以作補充，如何晏《論語集解》即為代表。范寧《春秋穀梁經傳集解》的注解方法，則廣引諸家，與《傳》文義理比較，若《傳》文義理有所不妥，則直探《春秋》經文，捨《傳》文之說，這類作法有別於「合本子注」的比較方式。

　　就皇侃《論語集解義疏》來看，其所採用的方法即是「合本子注」而非

〔註16〕　見陳寅恪《支愍度學說考》，載於《金明館叢稿初編》，（上海古籍出版社，1980
　　　　　年 8 月）。
〔註17〕　《漢魏兩晉南北朝佛教史》，頁 116。
〔註18〕　《漢書・夏侯勝傳》，頁 3159。

集解，他以何晏《論語集解》為母本，兼採各家之說，或擇優從之，或比較同異，如《論語集解義疏序》云：

> 今日所講，即是《魯論》，為張侯所學，何晏所集也。晉大保河東衛瓘字伯玉……右十三家為江熙字大和所集。侃今之講，先通何集，若江集中諸人有可採者，，亦附而申之。其又別有通儒解釋，於何集無所好者，亦引取為說，以示廣聞也。〔註19〕

「先通何集」即是以何晏本子為母本，以江熙所集的本子作為比較資料，博採眾說「以示廣聞」，並非如集解般沒有母本。這種解經方式影響了南朝儒經義疏的創作，使南朝經說呈現更豐富的面貌，下文再細論其內容。

二、儒家解經方式之變革

（一）漢代經說體裁與儒經義疏之關係

就形式而言，「義疏」一體的確是承佛教經疏而來，但就內容上來說，儒家義疏自有其發展歷程。戴君仁先生說：

> 儒家的經疏和佛家的經疏，雖有其共同之點，但儒家的經疏，自有它本身的歷史，由漢歷晉，以至南北朝，逐漸衍變而成，不是單純的由佛書產生出來的，可以說是二源的，也可以說是中印文化合產的。〔註20〕

自先秦至魏晉，解經的體裁經過了傳注（如春秋三傳）、章句、解故、集解等諸體體裁，直到南朝的義疏體，在體例、內容上本具有傳承的關係，在義疏體中，往往可以看到前代諸體的痕跡。傳注體是對諸經初步的闡釋，到了漢代，解經的方式產生了改變，形成「章句」和「解故」兩大主流，戴君仁對漢代經說的體裁做如下論述：「章句不是一或不僅是一零星的詞和字的解釋，而是整段逐句的文義解釋。至於解故，現存漢人經注，有毛詩訓傳，和何休的公羊傳解詁。毛傳多為單詞隻字的解釋，而沒有逐句文義的說明。何氏解詁也不逐句解釋，只是微言大義的申發。據此，解故想是預備傳世之作，不是講的；而章句則是對弟子們講的，如現在學校中的講義。講義可以印出來，章

〔註19〕《論語集解義疏》，頁 10。

〔註20〕詳見《經疏的衍成》，戴君仁著，見《經學論文集》王靜芝等撰，（台北，黎明出版社，民 71 年再版），頁 103。

句也可以寫定。我想漢儒的章句，應是南北朝義疏之祖。」〔註21〕

以上論析，能概略指出漢代經說形式的樣貌，但漢代經說的樣貌實不只如此，張舜徽總和漢代經說面貌，認為共有十種形式，「曰傳，曰注，曰記，曰說，曰微，曰訓，曰故，曰解，曰箋，曰章句。『傳者所以傳示後來者』（《史通・六家篇》語），有論本事以明經義者，如《春秋左氏傳》；有闡明經中大意者，如《春秋公羊傳》、《春秋穀梁傳》；有循文解釋者，如《毛氏傳》。『注者注義於經下，如水之注物，亦名為著，取著明經意者也』（賈公彥《儀禮疏》語）。『記者共撰所聞，編而錄之』（《禮記》大題下《正義》）。說與傳、記相輔而行，主於稱說大義，與夫專詳名器者不同。微謂釋其微指（《漢書顏注》），唯治《春秋》者有此體，因《春秋》經文隱晦，欲以此通其顯義。訓猶說，亦解書之通稱。『解者判也，判析旨意使其明白也』。有名解詁，如服虔《春秋左氏傳解詁》；有名解詁，如何休《春秋公羊傳解詁》。『箋者表也，識也』。（《毛詩正義》引《字林》）鄭玄《毛詩箋》即用此體。『章句者，訓解科段之名』（《論語集解序邢疏》）。夫章者明也，句者局也，局言者，聯字以分疆；明情者，總義以包體。（《文心雕龍・章句篇》）總括其大旨，以附一章之末，較之諸家，又有異例。」〔註22〕張氏所言極為詳盡，完整畫出漢代經說面貌。就形成原因來說，傳、注、微、故、解、箋是創作的方式，記、說、訓、章句是記錄他人講論的文字資料；就功用來說，基本上分為闡釋義理、訓解文義、申明器物制度以及解釋字詞四種。這四個方向，基本上已經涵蓋了南朝義疏的功能，就這方面來說，南朝義疏是源於漢代經說的，清陳澧云：

《漢書・儒林傳》言：『費直以《彖》、《象》、《繫辭》、《文言》十篇解說上下經。』此為千古治《易》之準的也。孔子作十篇，為經注之祖；費氏以十篇解說上下經，乃義疏之祖。〔註23〕

又清焦循云：

漢世說經諸家各有體例，如董仲舒之《春秋繁露》、韓嬰之《詩外傳》、京房之《易傳》，各抒所見，不依章句。伏生《書傳》，雖分篇附著矣，而不必順文理解。然其書殘缺，不睹其全。《毛詩傳》全在矣，

〔註21〕戴君仁《經疏的衍成》。
〔註22〕見《廣校讎略》，張舜徽著，（北京，中華書局，1963年版），卷三《注書流別論》。
〔註23〕《東塾讀書記》，清陳澧撰，（台灣，商務印書館，1997年臺二版1刷），頁51。

訓釋嚴簡，言不盡意，鄭氏箋之，則後世疏義之濫觴矣。鄭於三《禮》，
詳說之矣，乃《周禮》本杜子春、鄭司農而討論，則又後人集解之
先聲矣。〔註24〕

陳澧認爲孔子作《十翼》，爲漢代經注之祖，而費直以《十翼》解《易》，使
經傳互相發明，則爲義疏一體之祖。此說未必正確，但明白指出先秦經注與
漢代經注，乃至南朝義疏間的關聯，是值得注意的。若就解經方式說，費直
的解經方式應是影響到杜預《春秋左傳集解》的創作，因爲杜預集解之作，
不同於同時期的集解創作，它並不是集合眾家之說以成書的，其《序》云：「預
今所以爲異，專脩丘明之傳以釋經，經之條貫必出於傳，傳之義例總歸諸凡。
推變例以正褒貶，簡二傳而去異端，蓋丘明之志也」〔註25〕，即是藉由經傳
互相發明，以開啓義例，這對南朝儒經義疏的講論產生影響。焦循言董仲舒、
韓嬰、京房諸人之作，同屬張舜徽所言十體之一，而他指出鄭玄箋注《毛詩
傳》，是南朝義疏的濫觴，則爲卓見。義疏一體是經注的再創造，即闡揚經義、
經注之作，鄭玄箋注《毛詩傳》，實爲義疏創作的先聲，但義疏的產生並非單
純本於此點，這只能算是義疏產生的其中一個因素。而他說鄭玄注《周禮》
本杜子春、鄭司農諸家之說而作，是集解一體的濫觴，這也是片面的說法。
鄭玄在集解一體的產生固然扮演著關鍵的角色，然其中上牽涉到漢代整體學
風的轉變。

張氏所分十體固然詳細指出漢代經說樣貌，但於漢代經說，主流仍是章
句以及眾家創作，在此就戴君仁「章句」、「解故」兩大脈絡進行論述。就形
成因素來說，章句基本上來說便是分章析句、逐句解釋文義，開始是師徒間
口耳相授受的內容，而後將其書之成文，作爲經說師法的依據；解故則是文
字創作的性質，是「預備傳世之作」，並非用爲講說的材料，其他如傳、注、
微、箋等體裁亦是相同。就詮釋方法來說，解故之學即是訓詁之學，重在訓
解字詞以及考辨名物，而章句之學則是逐句解釋文義。在份量上，一則繁複，
一則簡約。就形式而言，漢儒敷演章句，進而寫定成書，而義疏的產生同樣
也是講經的紀錄，在淵源上便有跡可尋，並非源於佛經經疏，如前所說「疏
記」的產生是源於中國。就內容而言，南朝義疏的解說方式也繼承了章句、

〔註24〕 見《孟子正義》，清　焦循注，（北京，中華書局，1996 年北京 3 刷），頁 26～
　　　　27。
〔註25〕 《左傳注疏》，頁 15，見《十三經注疏》。

解故的方式，如《論語・為政》：

　　子曰：詩三百，

　　何晏《集解》：孔安國曰：篇之大數也。

　　皇侃《義疏》：詩即今之毛詩也。三百者，詩篇之大數也。詩有三百
　　五篇，此舉其全數也。

　　一言以蔽之，

　　何晏《集解》：苞氏云：蔽猶當也。

　　皇侃《義疏》：一言謂思無邪也。蔽，當也。詩雖三百篇之多，六義
　　之廣，唯用思無邪一言，以當三百篇之理也。猶如為政，其事乃多，
　　而終歸於以德不動也。

　　曰：思無邪。

　　何晏《集解》：苞氏云：歸於正也。

　　皇侃《義疏》：此即詩中之一言也。言為政之道，唯思於無邪，無邪
　　則歸於正也。衛瓘云：不曰思正而曰思無邪，明王無所思邪，邪去
　　則合於正也。〔註26〕

逐句解說文義，正是章句之學的特色。又《周易・繫辭上》：

　　聖人以此洗心

　　劉瓛《周易繫辭義疏》：洗，悉殄反，盡也。

單訓字義，不做整句文義的訓釋，這是解故之學的特色。其次《禮記・曲禮
上》：

　　僕展軨

　　鄭玄《注》：展軨具視。軨歷丁反，一音領。盧（植）云：車轄頭軨
　　也。舊云車闌也。

　　皇侃《義疏》：軨是轄頭，盧言是也。一則車行由轄，二則闌之，苓
　　字不作車邊為之。〔註27〕

訓詁之學，重在考辨名物，南朝禮學義疏中多半是考證辨析古代器物與歷代
制度，這是訓詁之學的延續。下文論南朝儒經義疏的解說方式，再予以說明。

〔註26〕《論語集解義疏》，頁34～35。
〔註27〕《禮記注疏》，（台北，藝文印書館，民86年8月初版13刷），頁62～63。

（二）儒家講經方式與儒經義疏的關係

其次，南朝義疏中問答體的形式，源於漢代儒家講經，非本於佛經。關於佛經中問答體的特色，湯用彤先生云：

> 漢代儒家講經立都講，晉時佛家講經亦聞有都講，似係採漢人經師講經成法，但此制自亦有釋典之根據，未必是因襲儒家法度。按康僧會《安般守意經序》曰：
>
> 「世尊初欲說斯經時，大千震動，人天易色，三日安般，無能質者。於是世尊化爲兩身，一白何等，一尊主演，于斯義出矣。大士上人六雙十二輩，靡不執行。」
>
> 世尊所化之一身，就安般事數分條問曰，何等。另一尊身答之，而敷演其義。前者當中國佛家之都講，後者乃所謂法師。按佛教傳說，結集三藏時，本係一人發問，一人演唱佛語，如此往復，以至終了，集爲一經。故佛經文體，亦多取斯式。〔註28〕

關於「都講」一職，戴君仁認爲佛教的性質不同於儒家的性質，佛教都講是「合作相成，不是敵對相屈的」〔註29〕，講經時由都講執經唱題，然後法師宣說佛理，其中缺乏論難的過程，但牟潤孫則舉出佛經都講與講經師之間也有論難經義的紀錄〔註30〕，這當非佛經都講剛開始的意義。湯用彤先生考證佛家都講，自有其淵源，非是源於漢代都講一職〔註31〕，就湯氏所指，則原始佛經的「都講」原不是扮演論難經義的角色，而是如司儀般唱題的角色，設一法師講經，另一方則爲都講，乃執經唱講經文，讓法師敷演法義，兩者相互發明，最後則集結成經疏，這是佛家「都講」的原始意義，但後來佛經「都講」一職則變成具有論難經義的作用。可以確定的是，「都講」一辭是佛家所借用過去的。佛家借用儒家相似的意義，這當是魏晉時期「格義」的情形，佛家「都講」後來具有論難的功能，或許是受到儒家傳統論難精神的影響。

儒經義疏的問答體，在淵源上當追溯自儒家講經論難的模式。論難義理的傳統，在先秦就已經形成，如《論語》中相互問答的方式即是。而從漢代「都講」一職的功能，可看出當時講經的形式，與佛教講經有何區別，如《漢

〔註28〕《漢魏兩晉南北朝佛教史》，頁117。
〔註29〕見《經疏的衍成》一文。
〔註30〕見《論儒釋兩家之講經與義疏》一文。
〔註31〕《漢魏兩晉南北朝佛教史》，頁116。

書‧翟方進傳》：

> 經博士受春秋。積十餘年，經學明習，徒眾日廣，諸儒稱之……是
> 時宿儒有清河胡常，與方進同經。常為先進，名譽出方進下，心害
> 其能，論議不右方進。方進知之，候伺常大都授時，遣門下諸生至
> 常所，問大義疑難，因記其說，為是者久之……河平中，方進轉為
> 博士。〔註32〕

《後漢書》〈郭丹傳〉：

> 既至京師，常為都講，諸儒咸敬重之〔註33〕

由以上資料，可知「都講」於西漢之時就已存在。漢代都講的地位，當是低於
博士的，然其職責為何？饒宗頤先生引用《漢書‧翟方進傳》，以為「都講」即
是「都授」，依顏師古注，「都授」即是「總集諸生大講授」，此說極有可能。就
傳記來看，翟方進與胡常同為春秋經師，地位相當，而胡常學經早於翟方進〔註
34〕，兩人在當時並有徒眾，翟方進命其徒眾就學於胡常，可見當時「都授」一
職是升堂而講，諸生在下執經辯問經義的形式。翟方進於河平年間升為博士，
則可知「都授」的地位是應是博士助教一類的職位。郭丹因善於論難而為都講，
則「都講」也是博士底下如助教一般的職位。此外，如，《後漢書》〈丁鴻傳〉：
「鴻年十三，從桓榮受歐陽尚書，三年而明章句，善論難，為都講。」〔註35〕
《後漢書》〈侯霸傳〉：「篤志好學，師事九江太守房元，治穀梁春秋，為元都講」，
〔註36〕東漢時期「都講」的身份也同於西漢，如此則「都授」同於「都講」，為
研究漢代講經形式的要點之一。漢儒講經，不必是博士親講，在生徒間常是由
高徒傳授初入門生，如鄭玄學於馬融，三年不得見其面〔註37〕，唯由其高徒傳
經，其形式當如西漢胡常講經一般，由一人在上講論經義，而其下生徒執經論

〔註32〕《漢書‧翟方進傳》，頁3411。「都授」一職，唐顏師古注：「總集諸生大講授」，
饒宗頤先生以為「都授」之職等同於漢代「都講」，是集合諸生講授經說的官
職，見饒宗頤著《華梵經疏體例同異析疑》，載於《選堂集林‧史林》，（台北，
明文書局，民71年4月初版），頁430。

〔註33〕《後漢書》〈郭丹傳〉，（台北，鼎文書局，1976），頁940。

〔註34〕據顏師古注，「先進」意謂「常宦學雖在前，而名譽不如方進」，是胡常學先
於方進，而方進雖為後學，但名聲大於胡常。

〔註35〕《後漢書》〈丁鴻傳〉，頁1263。

〔註36〕《後漢書》〈侯霸傳〉，頁901。

〔註37〕《後漢書‧鄭玄傳》：「融素驕貴，玄在門下，三年不得見，乃使高業弟子傳
授於玄」，既博士之下設有都講，則其高徒或為都講，有如胡常一般，召集生
徒，設堂講經，鄭玄一如門生，執經下問。

辯。這種講經的形式，不同於佛教「都講」的功用，佛教都講本身並非主講經義之人，而是唱說經題，再由法師演說經義。雖然儒釋「都講」同有「助教」的性質，但一為主講，一為唱題，所扮演的角色不同。由漢代講經的形式，可知當時都講與生徒間已有問難經義的形式，這種辯論經義的形式當是南朝儒經義疏問答辯難的源頭，不能說是源自佛教的。佛教借用「都講」的名詞後，在意義上予以轉化，變成唱題助講之人，這種模式同樣被南朝儒經義疏所沿用，如《梁書・元帝紀》：「承聖三年九月辛卯，世祖於龍光殿述老子義，尚書左僕射為執經」〔註38〕，《陳書・沈洙傳》「及异、琛於士林館講制旨義，常使洙為都講」〔註39〕，南朝講經形式沿襲佛教，「都講」同於「執經」，為執經唱題的助講者。由此可知，南朝儒經義疏同時繼承儒釋兩家「都講」的意義，講經既有唱題之人，又有問答辯難的形式，將兩者融合為特有的模式。

其次，漢代時期經學發展出章句訓詁的體裁，因各家解說互異，逐漸產生師法、家法間的論難，這種異說論難的傳統也同樣影響到儒經義疏，《漢書・瑕丘江公傳》記載了一段春秋學的辯論：

> 瑕丘江公受穀梁春秋及詩於魯申公，傳子至孫為博士。武帝時，江公與董仲舒並。仲舒通五經，能持論，善屬文。江公吶於口，上使與仲舒議，不如仲舒。而丞相公孫弘本為公羊學，比輯其議，卒用董生。於是上因尊公羊家，詔太子受公羊春秋，由是公羊大興……宣帝即位……乃召五經名儒太子太傅蕭望之等大議殿中，平公羊、穀梁同異，各以經處是非。時公羊博士嚴彭祖、侍郎申輓、伊推、宋顯，穀梁議郎尹更始、待詔劉向、周慶、丁姓並論。公羊家多不見從，願請內侍郎許廣，使者亦並內穀梁家中郎王亥，各五人，議三十餘事。望之等十一人各以經誼對，多從穀梁，由是穀梁之學大盛。〔註40〕

漢代經師之間的辯難，屢見於史傳，宣帝時博徵群儒，論定五經於石渠閣；後漢章帝白虎觀講論五經同異，當亦有諸儒論辯的情形。群儒間的論難更是屢見不鮮，如《後漢書・范升傳》、《後漢書・陳元傳》中群儒論難經義頗為激烈，而漢末何休「又以春秋駁漢事六百餘條，妙得公羊本意。休善歷算，與其師博士羊弼，追述李育意以難二傳，做公羊墨守、左氏膏肓、穀梁廢疾。」

〔註38〕 《梁書・元帝紀》，頁 134。
〔註39〕 《陳書・沈洙傳》，頁 436。
〔註40〕 見《漢書・儒林傳》，漢 班固撰，（台北，鼎文書局，民 72），頁 3617～3618。

〔註41〕而鄭玄駁斥何休作發墨守、鍼膏肓、起廢疾，服虔也「以左傳駁何休之所駁漢事六十條」〔註42〕，則有漢一代論辯之風盛行，於此可見。其論辯內容，並非相互發明，而是相互詰問，這在精神上是不同於佛經經疏的。南朝義疏中的問答也有相同的情形，皇侃《論語義疏》中即有問答的紀錄：

《論語・學而》：行有餘力，則以學文。

皇侃《義疏》：若行前諸事畢竟而猶有餘力，則宜學先王遺文，五經六籍是也。或問曰：此云「行有餘力，則以學文」，後云「子以四教，文、行、忠、信」，是學文或先或後，何也？答曰：《論語》之體，悉是應機適會，教體多方，隨須而與，不可一例責也。

又《南齊書・文惠太子傳》記載太子與諸王、儒生共論經義，此段紀錄，即為《齊永明諸王孝經講義》，內容全為論難經義，此是論難之風的延續。梁武帝《孝經義疏》同樣有問答的形式，下文詳論之。《宋書・顏延之傳》同樣有儒生論難經說的記載：

雁門人周續之隱居廬山，儒學著稱，永初中，徵詣京師，開館以居之。武帝親幸，朝彥畢至，延之官列猶卑，引升上席。上使問續之三義，續之雅仗辭辯，延之每折以簡要。既連挫續之，上又使還自敷釋，言約理暢，莫不稱善。〔註43〕

南朝儒經義疏除皇侃《論語義疏》外，其餘皆為斷簡殘篇，或是史料記錄，但從殘存的紀錄中，仍舊可見經說論辯傳統的延續，這和佛經經疏有基本上的不同。因此可以說，佛家「都講」的質變，應是受到儒經論辯傳統的影響，而不應說南朝義疏中的問答體是受到佛經中問答形式的影響。

三、學風改變對儒經義疏之影響

（一）漢魏學術風氣變革略說

從漢代到南朝，經說體裁的改變，實際上反映了學術風氣的變革。漢代因經書的缺廢與春秋三傳的優劣比較等因素，而有諸家章句的論爭；因為經文的今古之別，而有今古文之爭。在當時雖然論辯之風盛行，然而所注重的多半是師法、家法間的優劣，對於經說義理，缺乏客觀的論辯，致使儒生各

〔註41〕《後漢書・何休傳》，頁 2583。
〔註42〕《後漢書・服虔傳》，頁 2583。
〔註43〕《宋書・顏延之傳》，梁 沈約撰，（台北，鼎文書局，民 72），頁 1892。

守家法，皮錫瑞說：「漢人最重師法，師之所傳，弟之所受，一字毋敢出入，背師說即不用」〔註44〕，而上文所引用《漢書·瑕丘江公傳》的論辯，正是漢代師法家法間的爭論，其目的並不在申明大義，而是博士廢立的傾軋，班固以爲「自武帝立五經博士，開弟子員，設科射策，勸以官祿，訖於元始，百有餘年，傳業者寖盛，支葉藩滋，經說至百餘萬言，大師至千餘人，蓋祿利之路然也」〔註45〕，誠爲漢時實錄，《漢書藝文志》亦云：「古之學者耕且養，三年而通一藝，存其大體，玩經文而已……後世經傳既已乖離，博學者又不思多聞闕疑之義，而務碎義逃難，便辭巧說，破壞形體，說五字之文，至於二三萬言。後進彌以馳逐，故幼童而守一藝，白首而後能言。」〔註46〕班固身處東漢，深切地反省了章句之學的流弊，而這股反省之風，持續在暗處醞釀著，到了東漢末期開花結果，以下詳論。

在漢代章句之學外，另有一種融通經義之風進行著，早在西漢時，如夏侯建「師事勝及歐陽高，左右采獲，又從五經諸儒問與尚書相出入者，牽引以次章句，具文飾說。勝非之曰：『建所謂章句小儒，破碎大道。』建亦非勝爲學疏略，難以應敵」〔註47〕，即博采眾說，不拘一家之言。又《後漢書·賈逵傳》云：

> 令逵自選公羊嚴、顏諸生高才者二十人，教以《左氏》……逵數爲帝言，古文《尚書》與經傳《爾雅》詁訓相應，詔令撰歐陽大小夏侯《尚書》古文同異，逵集爲三卷，帝善之。後令撰齊、魯、韓《詩》與毛《詩》異同。〔註48〕

戴君仁評論：「這樣，把尚書、詩、春秋三經古今文會通比較，也開啓了後人揉合研究之路。經義辯難，不僅對後來義疏發生影響，並且這種風氣，實導致了魏晉名理的產生。」〔註49〕其實經說的融合，並非始於賈逵，但賈逵受東漢章帝賞識，對其所主張之學採贊同態度，這就使東漢經學的研究有雜揉的趨向，如後漢何休、許慎、蔡玄、馬融、鄭玄等，莫不兼通數經，學術有

〔註44〕 《經學歷史》，清 皮錫瑞著，（台北，藝文印書館，民89年11月初版四刷），頁70。
〔註45〕 《漢書·儒林傳》，頁3620。
〔註46〕 《漢書·藝文志》，頁1723。
〔註47〕 《漢書·夏侯勝傳》，頁3159。
〔註48〕 《後漢書·賈逵傳》，頁1239。
〔註49〕 見戴君仁《經疏的衍成》一文，載於《經學論文集》王靜芝等撰，（台北，黎明出版社，民71年再版），頁103。

逐漸融合的趨勢，並且對南朝義疏的產生種下因子。

其次，東漢學風雖表面上仍是注重師法家法，但在案處以漸漸形成另一種論辯的風氣，如東漢徐防於永元十四年上疏和帝云：

> 伏見太學試博士弟子，皆以意說，不修家法，私相容隱，開生姦路，每有策試，輒興諍訟，議論紛錯，互相是非……今不依章句，妄生穿鑿，以尊師為非義，意說為得理，輕侮道術，寖以成俗。〔註50〕

論經不尊師法在當時「寖以成俗」，可見東漢之時講經風氣丕變，已非西漢面貌。又於永元十五年樊準上疏云：「是以議者每稱盛時，咸言永平。今學蓋少，遠方尤甚。博士倚席不講，儒者競論浮麗。忘謇謇之忠，習詖詖之辭」，宋師鼎宗云：「按：謇謇，離騷『余固知謇謇之為忠兮』。王逸注：『忠貞貌。』是『謇謇之忠』，蓋指永平盛時，儒者依章句，尊師說之厚實學風。詖詖，國語越語：『又安知是詖詖者乎』，韋昭注云：『巧言也。』是『詖詖之辭』，蓋指儒者之『競論浮麗』。」〔註51〕儒者紛紛「以意為說」，紛紛突破章句師法之限，博士倚席而不講章句，而「競論浮麗」，是當時已漸漸從章句之學走向義理的路數，這也使得章句體裁產生質變。

此外，自東漢人士反省章句之學，在內部漸漸產生改變，也逐漸對經義產生了不同的理解。如東漢王充，史稱「好博覽而不守章句」〔註52〕，其《論衡‧效力篇》云：「儒生能傳百萬言，不能覽古今，信守師法，雖辭說多，終不為博」，是反對死守師法的章句之徒，主張學應廣博，其又云：「能精思著文，連結篇章者，方得為鴻儒」。同是論辯，但王充站在更高的視角，反省章句之學，而非爭於一家之說，比起同時期的經說論辯，顯然要進步的多。此外，《論衡‧自然篇》云：「說合於人事，不入於道意，從道不隨事，雖違儒家之說，合黃老之義也」，比較儒道二家，而稍偏於道家，此為魏晉玄學之濫觴。而馬融之學甚為廣博，其「注孝經、論語、詩、易、三禮、尚書、列女傳、老子……」〔註53〕，為數甚夥，其中也可以看出其學融通各經、儒道兼綜的傾向。

東漢時期，學術上融通經義之風漸盛，章句之學逐漸沒落，而章句之學到義理之學的過程中，鄭玄為其中關鍵人物。其學融通各家，打破古今文界

〔註50〕《後漢書‧徐防傳》，頁 1500。
〔註51〕見宋師鼎宗《魏晉經學質變說》一文，載於《魏晉南北朝文學與思想研討會論文集》，（台北，文史哲出版社，民 80 年），頁 373～394。
〔註52〕《後漢書‧王充傳》，頁 1629。
〔註53〕《後漢書‧馬融傳》，頁 1972。

限，使章句之學消失，進而人各異說，開啓了學術的自由風氣。後有王肅之學，反對鄭玄學說，章句之學衰微之後，取而代之的是經學上的鄭王之爭，義理的辯析也愈趨活躍，當時帝王對經說也有不同的看法，如《三國志‧魏書高貴鄉公髦傳》云：

> 丙辰，帝幸太學問諸儒曰：「聖人幽贊神明，仰觀俯察，始作八卦……而夏有連山，殷有歸藏，周曰周易，易之書，其故何也？」易博士淳于俊對曰：「包羲因燧皇之圖而制八卦……」帝又曰：「若使包羲因燧皇而作易，孔子何以不云燧人氏沒包羲氏作乎？」俊不能答。帝又問曰：「孔子作彖、象，鄭玄作注，雖聖賢不同，其所釋經義一也．今彖、象不與經文相連，而注連之，何也？」俊對曰：「鄭玄合彖、象于經者，欲使學者尋省易了也。」帝曰：「若鄭玄合之，於學誠便，則孔子曷爲不合以了學者乎？」俊對曰：「孔子恐其與文王相亂，是以不合，此聖人以不合爲謙。」帝曰：「若聖人以不合爲謙，則鄭玄何獨不謙邪？」俊對曰：「古義弘深，聖問奧遠，非臣所能詳盡。」〔註54〕

帝王捨章句而就義理，問難角度與章句之學不同，直接對經文提出疑惑，論辯彼此間的矛盾處，使博士往往反應不及，這種綜合比較經義的風潮，當是受到東漢思辨學風的影響，而帝王在問難經義時也採取這種角度，這也對經說的質變有推波助瀾的作用。在綜和比較經義與疑經注風氣的影響下，使解經者趨向各經綜合比較，或是一經中各家融會的風氣，而這種風氣直接影響到魏晉集解體裁的產生。

（二）集解體裁與義疏之關係

在集解體裁的發展上，如上所說，源於融通諸家之說，於漢則鄭玄集其大成，皮錫瑞云：「蓋解禮兼采三禮，始於鄭君；解春秋，兼采三傳，亦始於鄭君矣」〔註55〕，則兼三傳而論說始於鄭玄。何晏在《論語集解》序中云：「前世傳受師說，雖有異同，不爲之訓解。中間爲之訓解，至於今多矣。所見不同，互有得失。今集諸家之善說，記其姓名，有不安者頗爲改易」〔註56〕，

〔註54〕 《新校本三國志注附索引》，晉陳壽撰，劉宋裴松之注，（台北，鼎文出版社，民66年三版），頁136。

〔註55〕 見《經學通論》，皮錫瑞著，（台北，商務印書館，民78）。

〔註56〕 《論語集解義疏》，梁 皇侃著，（台北，廣文書局，民80年9月再版），頁4

其注經態度在於融通各家，若覺義理不妥則自發新意，這種解經態度正是學風改變下的的結果。後有劉兆融通三傳，認爲「春秋一經，而三家分途，諸儒是非之議紛然，互相讎敵，乃思三家之異，合而通之，《周禮》有調人之官，作《春秋調人》七萬餘言」〔註57〕，調和三傳之說，與何晏集合諸家解說有所不同，範圍更爲擴大，所涉及的層面也更加滲入，不只是融通諸家說法而已，而是直接切入春秋三傳的同異。由此切入，終於產生了范寧等人的經說新解。

范寧著《春秋穀梁傳集解》，更進一步發揮融通經傳的精神，他在《序》中提到：

> 凡傳以通經爲主，經以必當爲理。夫至當無二，而三傳殊說，庸得不棄其所滯，擇善而從乎？既不俱當，則固容俱失。若至言幽絕，擇善靡從，庸得不並舍以求宗，據理以通經乎？雖我之所是，理未全當，安可以得當之難，而自絕於希通哉！而漢興以來，瓌望碩儒，各信所習，是非紛錯，準裁靡定。故有父子異同之論，石渠紛爭之統。廢興由於好惡，盛衰繼之辯訥。斯蓋非通方之至理，誠君子之所歎息也。〔註58〕

這段論述說明其治經態度，是反對漢代學者據春秋三傳之殊說，各相爭鬥，主張對於三傳應當「棄其所滯，擇善而從」。他進一步還提出了「若至言幽絕，擇善靡從，庸得不並舍以求宗，據理以通經乎」的說法，認爲若春秋三傳皆不能闡釋春秋微言，則應當一併捨棄，「據理以通經」，這在當時是很大的突破，能夠勇於質疑經傳，而不盲目信古，充分展現出魏晉時期思辯義理的精神。例如：

《桓公二年》：取不成事之辭而加之焉，於內之惡，而君子無遺焉爾。

范寧云：江熙曰：「春秋親尊皆諱，蓋患惡之不可掩，啓當取不成事之辭，以加君父之惡乎？」……尋經推理，傳似失之。〔註59〕

《莊公九年》：故乾時之戰，不諱則惡內也。

范寧云：惡內之言，傳或失之。〔註60〕

～5。

〔註57〕《晉書・劉兆傳》，（台北，鼎文書局，民65），頁2349。

〔註58〕《穀梁傳注疏》，頁6～7，見《十三經注疏》。

〔註59〕《穀梁傳注疏》，頁29～30。

〔註60〕《穀梁傳注疏》，頁50。

《僖公元年》……范寧云：江熙曰：「經書敗莒師，而傳云兩人相搏，則師不戰，何以得敗？理自不通也。」……此又事之不然，傳或失之。〔註61〕

范寧解釋《穀梁傳》時，並不死守傳注之說，若見義理有所不妥，則直言其非，而其所引用江熙之說，也同樣對經傳本文採取懷疑態度，可見當時解經重在義理貫通，而非死守一家之言，望文生義。其次，對經中用字亦有所考校，例如：

《昭公二十五年》：宋公佐卒於曲棘，邡公也。

范寧云：邡當爲訪。訪，謀也。言宋公所以卒於曲棘者，欲謀納公〔註62〕。

指出傳文文字之誤，並加以校正詮釋，使經說更無窒礙，這是晉人經說極進步的一面。這種疑經、辨理的學風直接影響到南朝義疏的撰述，在皇侃《論語集解義疏》中，偶能看見其否定何晏《論語集解》的說法，下文詳論。集解體在晉朝時達到了高度的發展，然其中精神並非只是集合眾家之說而已，重要在於能突破故有解經的藩籬，直探經說最原本的面貌，南朝儒家經說直接繼承這種精神。義疏的創作，在佛家形式的影響外，更重要的辯析義理的精神傳承，這是南朝經說的價值所在。

（三）魏晉義說與儒經義疏之關係

在集解體裁之外，漢末尚有「義說」的出現。「義說」與章句之學的不同，在於它是直申經義，而不作繁複的字詞說解，這種解經方式是東漢以來，經說逐漸重視義理風氣的成果展現。饒宗頤認爲魏晉「義說」同於「義疏」，並舉陳羣《論語義說》爲證，其說如下：

《說文·言部》：「說，說釋也；（一引作說辭也）從言兌聲，一曰談說。」段注「說釋者，開解之意。」《廣雅·釋詁》：「說，論也。」《易·小畜》釋文引《說文》作「說，解也」。是說即說解。漢時說經之記錄亦稱曰「記」，《漢書·儒林傳》：「后蒼說禮數萬言，號曰后氏曲臺記」。此「說」與「記」二者之關係。「記」與「疏」兩字本爲互訓，《後漢書·孔奮傳》：「子嘉作左氏說」。李賢注云：「說猶

　　今之疏也。」是「說」與「疏」同義，則陳群之《論語義說》猶言
　　《論語義疏》矣。〔註63〕

其引用《說文》、史傳相互印證，論證雖是詳盡，但卻忽略了「義說」與「義
疏」間在結構上有基本的不同。魏晉時期，「義說」之體是章句之學轉為義
理之學的代表之一，象徵著東漢以來自由思辯學風的演進，但在體制上並不
同於南朝義疏。陳羣《論語義說》之作，見於何晏《論語集解》的部分，形
式上則同於漢代經注，唯獨不如章句之學般冗長繁複，其特色在於直申經
義，闡發論語義理，可算是「自下己意」的經注，這種形式有別於「義疏」
體裁。所謂「義疏」，必有疏解的對象，也就是對經注的再注釋、闡發，陳
群義說，則直接對經文作詮釋，並無所本的經注，其本身就是闡發義理的經
注，所以在內容上，魏晉「義說」的體裁，是漢末的新經注，尚不能等同於
「義疏」。但可以確定的是，魏晉「義說」的產生，對儒經義疏有著很大的
影響，這時期是章句之學到義理之學的分野，當時由鄭玄所代表的融通經義
的學風，並作《發墨守》、《鍼膏肓》、《起廢疾》以駁何休，已經為「義說」
的產生提供學術的背景。陳群《論語義說》的寫成在鄭玄之後，則是魏晉新
經解的代表之一。之後由於王肅作經注以反鄭玄，造成經說上的鄭王之爭，
雙方各執一端，論辯不休，最明顯的是《詩經》的論爭〔註64〕。鄭玄、王肅
注《詩》，雖同宗《毛傳》，然王肅著作本以反鄭玄著作為主，其著《毛詩義
駁》反鄭玄之義，因而論說多有不同。其後如魏代王基著《毛詩駁》，本鄭
玄義理反駁王肅之說；晉代孫毓著《毛詩異同評》評論毛、鄭、王肅異同，
晉代陳統著《難孫氏毛詩評》，本鄭玄義駁孫毓之說，一如何休、鄭玄之論
辯，可見當時經注「義說」的風行，而這股問答論辯經義之風，也影響到南
朝儒經義疏的創作。

〔註63〕見饒宗頤《華梵經疏體例同異析疑》一文。
〔註64〕《隋書・經籍志》云：「魏代王肅，推引古學，以難其義。王弼、杜預，從而
　　　　明之，自是古學稍立。」（見《隋書・經籍志》，頁941。）蒙文通云：「王弼、
　　　　杜預皆肅之徒也。王弼注易，祖述肅說，特去其比附爻象者，（張惠言說）。
　　　　杜預注左傳，亦阿附肅說（丁晏說），明二家皆推肅義以述作。」魏晉時期，
　　　　王弼注《易》雖本肅之說，然去象數而樹義理，有別於王肅，而為魏晉人士
　　　　所宗，因而《易經》無鄭王之爭。三禮之學，雖王肅反鄭，但後人宗鄭玄之
　　　　說；《書經》用偽孔傳，《左傳》則服、杜《注》為主。魏晉諸經之中，唯有
　　　　《詩經》鄭王之說論辯最明顯，鄭王雖同宗《毛傳》，然論說不同，魏晉人士
　　　　論爭甚多，其「義說」問答，著作頗多。

此外，王弼注《易》，盡掃象數而言義理，其風所及，則魏晉注《易》之家競相效法。當時注《易》者不少稱其書為「易義」，如衛瓘、王宏、杜育、張軌等人，此「義」當是指發揮義理而言的。戴君仁云：「雖然晉人尚簡，不會如前代章句，後來義疏之繁重。然而它發名理旨，很近章句；依人起意，很像義疏。所以上承章句，下開義疏，當是晉人的經義」〔註65〕，此論誠為的見。

由於學風的轉變，導致魏晉時期產生了「集解」與「義說」兩種新興的體裁，而這兩種體裁與南朝義疏的產生有直接的關連。由於兩種體裁皆是受到魏晉時期融通經義與言意之辯等風氣影響下的產物，算是玄學風氣影響下完成的體裁。其次，佛經三分科判、合本子注與論難義理的解經方式，與魏晉時期的思辨風潮也脫不了干係，這是組成南朝儒經義疏的基本因子，因而南朝義疏在組成的因素上，可以算是玄風的延續。

第二節　儒經義疏體例之探討

以上總論儒家義疏產生的原因，可見儒經義疏的由來，是經說改變、學風演進以及外來文化衝擊下的產物。這種體裁在內容上呈現多元的面貌，吸取了前代體裁的各種特色，對經說進行更深入、更系統化的闡釋。或闡釋經義，或解釋字詞文義，或考辨制度，或融通比較，以各種角度詮釋儒經，使儒家經典的解說更為深刻。雖然吸取了各種元素，但在詮釋樣貌上卻又不同於之前的體裁，以下分別就解說形式以及解說特色兩方面進行論述，以期能釐清南朝義疏體例的面貌。

一、儒經義疏之解說形式

關於義疏解說的形式，前人已多有研究，然皆是就皇侃《論語集解義疏》一書進行探討，由於《論語集解義疏》是現存最完整的南朝義疏之作，因而本文同樣依此分類，並援引其餘諸經中之義疏殘簡以作比較。日人山本建一曾對疏文歸納為五類：1、章的總括，2、訓詁語釋，3、譯文，4、補足說明5、引用。陳金木先生則進一步歸納為六項：1、總括大意，2、詞義解釋，3、譯文，4、補充說明，5、援引注家，6、疏解用語。孫欽善先生則歸類為「引證」、「訓詁」、「串釋」以及「就他人之說所加的按語」四項。而顧濤先生綜合各

〔註65〕見戴君仁《經疏的衍成》一文。

家說法，將解說方式分爲七種，〔註66〕列舉如下：

1、總括文義：對一章或一句進行總括式的說明；

2、訓釋詞義：拎出詞或詞組逐個訓釋其詞義或在上下文中所指；

3、串講句義：對一句或幾句進行連貫的講解；

4、補充疏釋：對經、注文的重點、特點和難點予以補充解釋；

5、延伸擴展：由經文某一點進行發揮，所論與經文關係較遠；

6、徵引成說：引用前人或時人的說解或問答語；

7、施加案語：對所引材料做出說明或評論

這種分法確實能夠概括《皇疏》的面貌，但是對其餘諸經是否也同樣能概括？答案是肯定的。南朝儒經義說的體例，在歸類上有其困難處，由於現存最完整的資料只有《皇疏》一本，其餘諸本皆從後代各書中蒐羅而得，如此則是否能完整窺視南朝儒經義疏體裁的面貌，本身就是一個問題。但由殘存的資料當中，確實能夠歸納出某些與前代不同的解經面貌，因此筆者依此歸類進行論述。就解經形式來說，則應取諸經之聯集而非交集，甲經有的形式未必乙經有，但總列各種形式，則較方便於歸類諸經，以下就各點分別舉例。

（一）總括文義

《論語·學而》：子曰：「導千乘之國，敬事而信，節用而愛人，使民以時。」

梁　皇侃《論語集解義疏》：此章總明爲諸侯治大國法也。〔註67〕

皇侃於一章之末總括文義，論此章宗旨，孔子此論，乃教諸侯治國之總則。《皇疏》中總括文義的方式有三，一是總括一經經義，二是如此條般總括一章文義，又另一者是隨句釋義之時，先總括該句文義，然後再進行說解，例如：

《論語·學而》：子曰：「弟子入則孝，出則悌。」

梁　皇侃《論語集解義疏》：弟子猶子弟也〔訓釋詞義〕，言爲人子弟者，盡其孝悌之道也……〔註68〕〔總括文義〕

皇侃先訓釋「弟子」一詞，以明此弟子非師徒間之弟子，這是「訓釋詞義」的部分，其次總論此句句義，說明此句教爲人子弟者，應當盡孝悌之道。其

〔註66〕見顧濤著《皇侃論語義疏研究》，南京大學碩士論文，頁 32。
〔註67〕《論語集解義疏》，頁 11～12。
〔註68〕《論語集解義疏》，頁 16～17。

後特別對「出」和「入」進行說解，認爲「父母在閨門之內，故云內也；兄長比之疎外，故云出也。前句已決子善父母爲孝，善兄弟爲悌，父親故云入，兄疎故云出也。」針對「入」和「出」進行說明，這當是「補充疏釋」的部分，經文中無直接說明，皇侃特爲其補充說明，「內」當指父母，「外」當指兄長，有親疎之別，故有內外之分。皇侃訓釋經文，此種條例屢見不鮮，在其他義疏中，也有同樣的情形，例如：

> 《尚書·立政》：繼自今，我其立政、立事。準人、牧夫，我其克灼知厥若，丕乃俾亂。

> 陳 顧彪《尚書顧氏疏》：君能知臣下，順於事，則臣感君恩，大乃治理，各盡心力也。〔註69〕

《尚書》此文，顧彪總括文義，不作單詞疏解，「立政」本在知人善任，君臣能善用人臣，則臣下得以發揮長才，使國家大治，南朝義疏對義理多有發揮，「總括文義」中可見當時對義理的闡釋。其次，如《易經》中也同樣有此條例，如：

> 《周易下經·小過》

> 梁 褚仲都《周易講疏》：謂小人之行小有過差，君子爲過厚之行以矯之也，如晏子狐裘之比也。〔註70〕

褚仲都釋總釋「小過」卦義，以爲此卦是小人行爲小有過差，君子以過厚之行矯正小人，並舉《禮記·檀弓下》晏子狐裘之義以比擬卦義。以人事爲比，對總括文義上有所助益，也可說是引用諸經相互證成文義。在《禮記》中也有總括文義的例子，如：

> 《禮記·經解》

> 梁 皇侃《禮記皇氏義疏》：解者，分析之名〔訓釋詞義〕，此篇分析六經體教不同，故名曰經解也。六經其教雖異，總以禮爲本，故記者錄入爲禮。〔註71〕〔總括文義〕

皇侃首先說「解者，分析之名」，是先「訓釋詞義」；其後總論篇旨，說明篇名之所以爲「經解」，是因爲此篇「分析六經體教不同」。進一步論述六經，認爲六經雖爲教不同，但總以「禮」爲本，因而此篇收入於《禮記》。「以禮

〔註69〕《尚書正義》，頁264。
〔註70〕《周易正義》，頁134。
〔註71〕《禮記正義》，頁845。

為本」的說法，同時也反映南朝時期禮學的興盛。其次如《孝經》：

《孝經》

梁　皇侃《孝經皇氏義疏》：經者常也，法也。〔訓釋詞義〕此經爲教，
任重道遠，雖復時移代革，金石可消，而孝爲事親常行，存世不滅，
是其常也。爲百代規模，人生所資，是其法也。言孝之爲教，使可
常而法之。《易》有上經下經，老子有《道德經》。孝爲百行之本，
故名曰孝經。〔總括文義〕

此段論述，總括《孝經》經旨，先解「經」之名，此是「訓釋詞義」。進一步
再論說「孝」之大義，以爲孝是「事親常行，存世不滅，是其常也。爲百代
規模，人生所資，是其法也」，配合詞義的訓釋進行說解，使經義能更加顯明。
後引《易經》、《道德經》爲證，則是南朝重玄的跡象。

「總括文義」的說明，是歸納經說，指明經義的敘述，這種方式當可追溯
至漢代，如《詩序》的寫作，即是運用「總括文義」的方式，《詩大序》總括詩
經經義，《詩小序》總括各篇經旨，由以上引文可見傳承的痕跡。又章句之學也
同樣是分章斷句、逐句釋義的解說方式，「總括文義」中的單句概括文義可說是
繼承章句之學的樣式，因此「總括文義」也算是漢代經說方式的傳承。

（二）訓釋字詞義

對經文詞義的訓詁，在各經中皆可看見，例如：

《周易・繫辭上》：知以藏往。

南齊　劉瓛《周易繫辭義疏》：藏，善也。〔註72〕

《尚書序》：更以竹簡寫之。

陳　顧彪《尚書顧氏疏》：策長二尺四寸，簡長一尺二寸。〔註73〕

《詩經・小雅・何人斯》：爲鬼爲蜮。

梁　沈重《毛詩沈氏義疏》：蜮音域，狀如鱉，三足。一名射工，俗
呼之水弩，在水中合沙射人，一云射人影。

《左傳・襄公二十七年》：仲尼使舉是禮也，以爲多文辭。

陳　沈文阿《春秋左氏經傳義略》：舉謂記錄之也。〔註74〕

〔註72〕見陸德明《經典釋文》，（台北，學海出版社，民77年6月初版），頁32。
〔註73〕《尚書正義》，頁11。
〔註74〕《左傳》正義，頁645。

《孝經・諸侯章》：富貴不離其身，然後能保其社稷。

梁 皇侃《孝經皇氏義疏》：稷，五穀之長，亦爲土神。〔註75〕

以上各條，爲「訓釋詞義」例證，解釋字詞名物，簡約不繁，即訓詁體的特色，不做繁複的文義解釋，在各經中都會出現，這是解經的基本功夫，若不知經說的詞義名物，則遑論理解經義，因此這算是解經的共同現象，南朝義疏也如此。會做這種詞義的解釋不外四種，一是補充舊注所未言；二是違注而作，自發新意；三是改正舊說之誤；四是依前人訓解。訓詁詞義是解經最基本的要素，然一字之差往往會造成全文的意義不同，因此疏家仍會用心於此，這是漢代訓詁之學的延續。

（三）串講句義

「串講句義」是就單句或數句進行解釋，這種形式類似漢代章句之學般，分章斷句，隨文釋經，只是「串講」或兼數句之義作解釋，形式上較爲有彈性，以下舉各經中有「串講句義」的例子進行說明。

《周易・文言》：潛龍勿用，下也。

王弼《注》：夫識物之動，則其所以然之理，皆可知也。

陳 張譏《周易張氏講疏》：識物之動，謂龍之動也。則其所以然之理，皆可知者，爲潛龍之所以潛，所以見，皆可知也。〔註76〕

張譏此段，解釋王弼《注》，採逐句串講，形式一如章句之學。王弼言「識物之動」，張譏則解「物」爲「龍」，合於經文，又補充經注，是能兼顧經、注兩者。隨文疏解王弼《注》，使經注之義更加顯明。

《尚書・湯誥》：茲朕未知獲戾于上下。

《僞孔傳》：此伐桀未知得罪於天地，謙以求眾心。

陳 顧彪《尚書顧氏疏》：「未知得罪于天地」，言伐桀之事，未知得罪于天地以否。湯之伐桀，上應天心，下符人事，本實無罪，而云未知得罪以否者，以求眾心。〔註77〕

顧彪解釋此條，是串講《僞孔傳》之說，發明《傳》文義理。《傳》文言「伐桀未知得罪於天地」，顧彪則解釋湯伐桀之合理性，以爲湯是「上應天心，下

〔註75〕《孝經注疏》，頁22。
〔註76〕《周易正義》，頁16。
〔註77〕《尚書正義》，頁113。

符人事，本實無罪，而云未知得罪以否者，以求眾心」，進一步說明商湯之所以出此言的緣由，以發明經說，這是合兩句以進行串講的例子。

　　《詩經・周南・關雎》：風，風也。

　　　梁　崔靈恩《集注毛詩》：用風感物則謂之諷。〔註78〕

崔靈恩解釋「風，風也」，以前一「風」爲國風，後一「風」爲諷，作一連貫解釋，以說明《詩》序文義。

　　《禮記・學記》：強而弗抑則易。

　　　梁　賀瑒《禮記新義疏》：師但勸強其神識，而不抑之令曉，則受者
　　　和易，和易亦易成也。〔註79〕

賀瑒解釋「強而弗抑則易」，以爲「師但勸強其神識」，借用佛經名相「神識」說明，當是武帝倡佛，佛經名相爲時人流行術語，引用術語以串講經義，在《皇疏》中屢見不鮮。所謂「勸強其神識，而不抑之令曉」，爲人師者以激勵代替壓迫，使學生能自發學習，效果較爲顯著，即「受者和易，和易亦易成」，這是單句疏解的形式。

　　《左傳・僖公三十年》：若不闕秦，將焉取之。

　　　陳　沈文阿《春秋左氏經傳義略》：不闕秦家，更何處取之，言有心
　　　取秦，先謀取鄭。〔註80〕

此條杜預無注，沈文阿之作本在申明杜說，其缺而不釋之處，沈氏則補充說明。此處講解經說甚爲明瞭，明白指出「若不闕秦，將焉取之」的緣由，燭之武見秦君，論說晉國攻鄭國之因，其目的乃在秦國，使秦君有所警悟，沈文阿依《傳》論述，其說平實有據。此段說解，爲兼二句以說解的形式。

　　《孝經・士章》：故母取其愛，而君取其敬，兼之者父也。

　　　南齊　劉瓛《孝經劉氏說》：父情天屬，尊無所屈，故愛敬雙極也。
　　〔註81〕

劉瓛此條專論「兼之者父也」之因，以爲「父情天屬」，其情同於母之愛，而父在家爲尊，其敬同於臣對於君，因而父親是「愛敬雙極」。此文是單句串式的形式。

〔註78〕《毛詩正義》，頁 12。
〔註79〕《禮記正義》，頁 653。
〔註80〕《春秋左傳正義》，頁 285。
〔註81〕《孝經注疏》，頁 24。

（四）補充疏釋

「補充疏釋」一項，即是就經注中的特點、難點加以發揮，使經說更爲完備，在內容上，如考辨名物、發明義例、申說禮制、校讎字句、補充義理等皆在其範疇內。以下就各經進行論述。

《周易上經・蠱》：蠱，元亨，利涉大川，先甲三日，後甲三日。

梁　褚仲都《周易講疏》：甲者，造作新令之日，甲前三日，取改過自新，故用辛也；甲後三日，取丁寧之義，故用丁也。〔註82〕

褚仲都此說本於鄭玄之說，而鄭玄之說又本於《子夏傳》之說〔註83〕，就「先甲三日，後甲三日」進行解釋，指出前三日爲「辛壬癸」，後三日爲「乙丙丁」，並以聲訓方式作解，此是補充「三日」所代表之意涵。

《詩經・陳風・衡門》：泌之洋洋，可以樂飢。

鄭玄《箋》：飢者，不足於食也，泌水之流洋洋，然飢者見之，可飲以療飢。

梁　沈重《毛詩沈氏義疏》：舊皆作樂字，逸詩本有作广下樂，以形聲言之，殊非其義。樂字當從广下寮，案《說文》云：「藥，治也。」療或藥字也。

沈重此段，專論「樂」字，鄭玄「樂」作「藥」，沈重引許愼《說文》以申釋鄭注，證明「藥」字本當爲治療之療，這是「補充疏釋」中校讎字義的部分。

《禮記・表記》：子言之，歸乎，君子隱而顯，不矜而莊，不厲而威，不言而信。

梁　皇侃：皆是發端起義，事之頭首，記者詳之，故稱子言之。若子言之下，更廣開其事，或曲說其理，則直稱子曰。

皇侃專就「子言之」進行說明，分析此篇寫作體例，認爲「子言之」是經文論證之先，需作較完整的敘述，其後論述，則一律稱「子曰」。此說分析篇章結構，有發明義例之功，這是針對經文寫作的模式進行補充疏釋。

《左傳・莊公三年》：冬，公次于滑。

陳　沈文阿《春秋左氏經傳義略》：將會鄭伯，非軍旅而書次者，古

〔註82〕《周易正義》，頁57。

〔註83〕《周易正義》云褚仲都、周弘正等人並從鄭玄之說，然鄭玄此說本於《子夏傳》：「先甲三日者，辛壬癸也；後甲三日者，乙丙丁也」，見李鼎祚《周易集解》，（北京，中華書局，1985年北京新一版），頁105。

者君行師從，卿行旅從，故亦從師行之例也。〔註84〕

沈文阿專論「次」字用法，指出古代行軍，若以君王爲首，則隨以「師」；若是卿相，則隨以「旅」，既是「公」行軍，則隨以「師」。本年《傳》文云：「凡師一宿爲舍，再宿爲信，過信爲次」，則沈文阿本《左傳》義例以解經，解釋經說甚爲允當。現存南朝儒經義疏中，以沈文阿《春秋左氏經傳義略》中的「補充疏釋」最爲顯著，因《左傳》經說疏解，多以發明義例，申釋禮制，以及說明事件始末爲主，以上形式皆屬「補充疏釋」的範疇，此處舉一例以概括。

　　《孝經‧諫諍章》：昔天子有爭臣七人，雖無道，不失其天下。

　　梁　皇侃《孝經皇氏義疏》：夫子述孝經之時，當周亂衰之代，無此諫諍之臣，故言昔者也。不言先王，而言天子者，稱諸先王，皆指聖德之王，此言無道，所以不稱先王也。

皇侃針對「天子」一詞進行說明，論證經文對名詞用法的嚴謹。凡聖德之王，才能用「先王」二字，而孔子述《孝經》之時「當周亂衰之代」，其時無聖王出，因此經文用「天子」而不用「先王」，藉此說明經文用字之嚴謹，在補充經義上皇侃頗有建樹。

（五）延伸擴展

　　關於「延伸擴展」這項，實爲南朝義疏篇幅繁重的原因之一。孔穎達於《周易正義》中云：「江南義疏，十有餘家，皆辭尚玄虛，義多浮誕」〔註85〕，這種批評並非無的放矢，在南朝義疏中，時常可以看見各家解釋經說時，對經注中某一點大加延伸發揮，偏離了經說主軸，例如：

　　《周易‧文言》：至哉坤元，萬物資生。

　　南齊　劉瓛《周易乾坤義疏》：自無出有曰生；生，得性之始也。

從「生」切入，論其義理，雖說是深化經義，但經義的質變也往往因此而改變，此論「自無出有曰生」，本於《老子‧四十章》：「天下萬物生於有，有生於無」，是將《易經》之理結合老子之說，與經說原始面貌相去較遠。這種解經方式在魏晉南北朝時比比皆是，原有經說被改造成玄學或佛學的體系，這是時代風氣影響下的產物。此文雖然簡短，但論述與經文關係較遠，則爲「延伸擴展」的形式。

〔註84〕《春秋左傳正義》，頁139。
〔註85〕《周易正義》，頁2。

《論語‧爲政》：周因於殷禮，所損益可知也。

《集解》：馬融曰：「⋯⋯所損益，謂文質三統也。」

梁　皇侃《論語集解義疏》：夫文質再而復，正朔三而改。質文再而復者，若一代之君以質爲教者，則次代之君必以文教也；以文之後君則復質，質之後君則復文。循環無窮，有興必有廢，廢興更遷，故有損益也。正朔三而改者，三代而一周也。夫人君爲政，所尚不同，必各有所統，統則有三也。〔串講句義〕

案《大傳》云：「王者始起，改正朔，易服色。夫正朔有三本，亦有三統，明王者受命各統一正也。朔者，蘇也，革也，言萬物革更於是，故統焉。」《尚書大傳》云：「夏以孟春爲正，殷以季冬爲正，周以仲冬爲正。」又曰：「夏以十三月爲正，色尚黑，以平旦爲朔；殷以十二月爲正，色尚白，以雞鳴爲朔；周以十一月爲正，色尚赤，以夜半爲朔也。」《白虎通》云：「王者受命必改正朔者，明易姓，示不相襲，明受之於天，不受之於人，所以變易民心，革其耳目以化。」⋯⋯三統之義如此。〔延伸擴展〕

然舊問云：「夏用建寅爲正，物初出色黑，故尚黑，今就草木初生皆青而云黑，何也？」舊通云：「物初出乃青，遠望則黑，人功貴廣遠故也。且一日之中，天有青時，故取其黑也。」又舊問云：「三正爲正，是三王？爲上代已有？」舊通有二家，一云：「正在三代，三代時相統，故須變革相示也。」又一家云：「自從有書籍而有三正也。伏犧爲人統，神農爲地統，黃帝爲天統。少昊猶天統，言是黃帝之子，故不改統也。顓頊爲人統，帝嚳爲地統，帝堯是爲嚳子，亦爲地統，地舜爲天統。夏爲人統，殷爲地統，周爲天統。三正相承，若連環也。」〔徵引成說〕

今依後釋。所以必從人爲始者，三才須人乃成，是故從人爲始也。而禮家從夏爲始者，夏是三王始，故舉之也。又不用建卯、建辰爲正者，於時萬物不齊，莫適所統也。〔施加案語〕

此文包含了「串講句義」、「延伸擴展」、「徵引成說」及「施加按語」四者。疏文先串講馬融之注，就「三統」引出「正朔」之論，繼而延伸論述三統三正的定義、沿革。三統三正之說牽扯出漢代今文學家的說法，再加上引用前

人問答，於是便衍申無度，而「周因於殷禮，所損益可知」的原本意義被略而不談，可見論說浮濫之一斑。

其次，如《禮記》中也可見同樣情形，例如：

《禮記‧中庸》：天命之謂性。

鄭玄《注》：《孝經》說曰：「性者生之質。命，人所稟受度也。」

梁　賀瑒《禮記新義疏》：性之與情，猶波之與水。靜時是水，動則是波；靜時是性，動則是情。〔補充疏釋〕

案《左傳》云：「天有六氣，降而生五行。」至於含生之類，皆感五行生矣。唯人獨稟秀氣，故《禮運》云：「人者，五行之秀氣」，被色而生，既有五常，仁義禮智信，因五常而有六情，則性之與情，似金與鐶印。鐶印之用非金，亦因金而有鐶印；情之所用非性，亦因性而有情，則性者靜，情者動。故《樂記》云：「人生而靜，天之性也。感於物而動，性之欲也。」故《詩序》云：「情動於中」是也。但感五行，在人為五常，得其清氣備者則為聖人，得其濁氣者則為愚人。降聖以下，愚人以上，所稟或多或少，不可言一，故分為九等。孔子云：「唯上智與下愚不移。」二者之外，逐物移矣。故《論語》云：「性相近，習相遠也。」亦據中人七等也。〔徵引成說、延伸擴展〕

賀瑒論「性」，兼「情」而說，進而引用佛家理論，泛論「性之與情，猶波之與水……」，在「補充疏釋」時就已脫離「天命之謂性」的經義，也無關鄭玄之《注》。其次，進一步引用《左傳》、《樂記》、《詩序》、《論語》以證成其說，所謂「得其清氣備者則為聖人，得其濁氣者則為愚人」，是在補充說明鄭玄「命，人所稟受度」的說法。論述雖然圍繞著「性」與「命」的議題，但卻已經遠離《中庸》本文的文義，兼論「情」與「命」，使經疏衍伸無度。

（六）徵引成說、施加案語

這兩者在前面《論語》引文中已經提及，「徵引成說」即是引用前人問答或是說解，「施加按語」則是對所引材料進行評論，例如：

《孝經‧庶人章》：故自天子至於庶人，孝無終始，而患不及者，未之有也。

南齊　劉瓛《孝經劉氏說》：謝萬以為「無終始，恆患不及未之有者，少賤之辭也。」〔徵引成說〕禮不下庶人，若言我賤而患孝行不及者，

未之有也。但憂不及之理，而失於歎少賤之辭也。〔註86〕〔**施加案語**〕
劉瓛引用謝萬之說進行論述，並認爲謝萬「少賤之辭」之說失當，這是兩者
兼有的情形。「徵引成說」與「施加案語」是受到魏晉集解體裁與佛經「合本
子注」的影響，收羅各家之說，並進行評論，這點下文再作詳論。

二、儒經義疏之解說方法

上文論述南朝義疏的解說類型，此處則進一步論述南朝義疏的解說方
法。南朝義疏的解說方法，如前文所說，繼承前代體裁以及佛經經疏的解經
方式，呈現多樣化的面貌，總的來說可分爲數種：1、經說相互發明，2、用
問答體以辨明經義，3、科判影響下的解經法，4、直申經義，5、反注自出。
以下分別就各項進行論述。

（一）經說相互發明

南朝經說的形式，受到集解體的影響，於各家之說多有參考，然其中也
有以本經經文相互發明經義的情形，這當是有受到杜預《春秋左氏傳集解》
的影響，杜預於《序》中言：「預今所以爲異，專脩丘名之傳以釋經，經之條
貫必出於傳」，此以經傳相互發明的方法，有別於何晏《論語集解》的作法。
直接從經文中證成經義，於南朝義疏中實爲多見，如：

《論語・學而》：汎愛眾，

梁 皇侃《論語集解義疏》：汎，廣也。君子尊賢容眾，故廣愛一切也。

而親仁。

梁 皇侃《論語集解義疏》：君子義與之比，故見有仁德者而親之也。

若非仁親，則不與之親，但廣愛之而已。〔註87〕

皇侃釋「汎愛眾」，引用《論語・子張》：「君子尊賢而容眾，嘉善而矜不能」
經文以說解，因君子能尊賢容眾，故能「汎愛眾」，前後經文相互發明參證，
使經義明瞭。「而親仁」一句，引用《論語・里仁》：「君子之於天下也，無適
也，無莫也，義與之比」經文作說解，君子親仁，是由於「義與之比」，君子
雖汎愛眾，但行爲依據義理，所以「見有仁德者而親之」。引用經文前後對照，
確有發明經義之效，既能連貫前後義理，使聽者更能掌握經文內容，又可以

〔註86〕《孝經注疏》，頁 27。
〔註87〕《論語集解義疏》，頁 16～17。

相互發明，可說是一舉兩得。

> 《禮記‧喪大記》：既葬，與人立。君言王事，不言國事；大夫言公
> 事，不言私事。

> 鄭玄《注》：此常禮也。

> 宋　庾蔚之《禮記略解》：案《曾子問》：「三年之喪，練不群立，不
> 旅行。」此言既葬而得與人立為常禮者，鄭以下經「君既葬，王政
> 入於國，既卒哭而服王事」是權禮，故以此經不言國事及不言家事
> 大判為常禮也。且《曾子問》據無事之時，故「不群立，不旅行。」
> 凡有事須言，故與人立也。

庾蔚之疏解此段經文，先引用《禮記‧曾子問》之文，論三年之喪本應「練不
群立，不旅行」，又何得「與人立」？之後引用鄭玄之說進行論述，以為若無公
事則應「練不群立，不旅行」，但若有公事則需與人接觸，不得無言，故稱「凡
有事須言，故與人立也」。以經文互相闡發，使經義更加顯明，南朝義疏論述之
詳盡深刻可見一斑。「經說相互發明」的方法，在《禮》學中最為常見，由於南
朝禮學盛行，在疏解經注本文時，常須對文中的名物制度有所考辨，在經中其
他篇章往往可以與某條經文相互參證，在比較經文之後，才能使經說更加顯明。

在運用本經經文之外，，尚有引用別經經文以證成其說的例子，如：

> 《周易上經‧蠱》：《彖》曰：「蠱，剛上而柔下，巽而止，蠱。蠱，
> 元亨，而天下治也。利涉大川，往有事也。」

> 王弼《注》：蠱者，有事而待能之時也。可以有為，其在此時矣。

> 梁　伏曼容《周易伏氏集解》：蠱，惑也。萬事從惑而起，故以蠱為
> 事也。案《尚書大傳》云：「乃命五史，以書五帝之蠱事。」然為訓
> 者，正以太古之時，无為无事也。今言蠱者，是卦之惑亂也。時既
> 漸澆，物情惑亂，故事業因之而起惑也。故《左傳》云：「女惑男，
> 風落山，謂之蠱。」是其義也。〔註88〕

伏氏解「蠱」，先訓釋詞義，訓「蠱」為「惑」，有別於王弼之說。其後引用
《尚書大傳》、《左傳》之說以輔助其說，認為「蠱」不應為「事」，所以為「事」

〔註88〕　《玉函山房輯佚書及補遺》，頁258。黃慶萱先生於《魏晉南北朝易學書考佚》
　　　　一書中，考證此條之案語並非李鼎祚所寫，而是出自伏曼容之手，參見《魏
　　　　晉南北朝易學書考佚》，頁595～596。

者，乃因「時既漸澆，物情惑亂，故事業因之而起惑也」，是因「惑」而導致有「事」，指出此卦象徵「惑亂」，因惑亂而致有事。伏氏解說理路清晰，引用經說得當，並且能另闢蹊徑，自成一說，這是南朝經說進步的一面。引用他經之說，本於漢代以來融通經說的風氣，單研一經，不足以深入經說大義，在各經中相互參證，正是「他山之石，可以為錯」，在南朝儒經義疏中也可見到此風的傳承與發展。

義疏之作，多是講經記錄，講經之人，於闡說義理之時，若能對照前後經文，或旁徵博引各經之說以為參證，則聽者於經義較能融會貫通，南朝儒經義疏運用經說相互發明的方式，也正式反映了當時經師講經的情況。

（二）問答辯難

前文提及，漢代經說的論難，屬於師法家法之爭，而都講的講經形式，則是經師與生徒間的經義問答，這兩種問難經義的形式，可說是南朝儒經義疏問答的遠因。到魏晉之時，學術風氣自由，經說轉為義理之辯，「義說」的產生與鄭王之爭的延續，促進了問難經義的發展。而學風的自由與時代的動亂，使漢末產生清談之風，當時敷座談玄之風大為盛行，士族文人，相互談辯。由於以上諸因，使漢代到晉代的談論之風不減反增，在這種風氣下，南朝儒經義疏自不能不受其影響。在義疏中往往可見論難義理的情況，或為君臣間之問答，或為時人論說經義，例如：

《孝經・天子章》：子曰：「愛親者，不敢惡於人；敬親者，不敢慢於人，愛敬盡於事親，而德教加於百姓，刑於四海，蓋天子之孝也。」
〔註89〕

梁武帝《孝經義疏》：問曰：「天子以愛敬為孝，庶人以躬耕為孝，王者並相通否？」梁王答云：「天子既極愛敬，必須五等行之，然後乃成。庶人雖在躬耕，豈不愛敬，及不驕不溢以下事邪？此言之，五等之孝，反相通也。然諸侯言保社稷，大夫言守宗廟，士言保其祿位而守其祭祀，以則言之，天子當云保其天下，庶人當言保其農田，此略之，不言何也。《左傳》曰：『天子守在四夷』，故愛敬盡於事親之下，而言德教加於百姓，刑於四海，保守之理已定，不煩更言保也。庶人用天下之道，分地之利，謹身節用，保守田農，不離

〔註89〕《孝經注疏》，頁11～12。

於此，既無守任，不假旨保守也。」〔註90〕

現存梁武帝《孝經義疏》殘文並不多，而在《天子章》、《聖治章》中有問答情形，若其書完整保存，當可見更多問答例證。開始便記載他人問武帝孝經經義，所謂「天子之孝」，如經文所說，當「愛敬盡於事親，而德教加於百姓，刑於四海」，而問者以庶人之孝相比，問其中差異，庶人之孝見《孝經·庶人章》，其云「用天之道，分地之利，謹身節用以養父母」，則躬耕節用，以孝養父母，是爲庶人之孝。武帝所答，重在不同階層各司所職，天子身份與庶人不同，其職責自然有別，天子責在保家衛國，教化百姓，而庶人唯需奉養父母。其後並兼論諸侯、大夫、士人之責，以爲各階層若能明白其職責所在，並予以負責，即可說是盡各階層之孝道。問者焦點，本在於「孝」之意涵，其所疑之處在於孝道本論事親，爲何天子之孝要兼論「德教加於百姓，刑於四海」，這是就經文本身作懷疑。武帝之說，則移孝作忠，模糊了「孝」的焦點，但這也是身爲帝王者普遍的思想。以問答的方式敷演經義，使經說愈辯愈明，而後撰寫成文，這是南朝義疏創作的模式之一。梁武帝以一國之尊，上座講經以承接問難，這無疑對經說論難之風有鼓勵的作用。

《孝經·聖治章》：宗祀文王于明堂，以配上帝。

梁武帝《孝經義疏》：制曰：「明堂準《大戴禮》：『九室八牖，三十六戶，以茅蓋屋，上圓下方。』鄭玄據《援神契》，亦云：『上圓下方』，又云：『八窗四達』。明堂之義，本是祭五帝神，九室之數，未見其理。若五堂而言，雖當五帝之數，向南則背叶光紀，向北則背赤熛怒，東向西向，又亦如此，於事殊未可安。且明堂之祭五帝，則是總義；在郊之祀五帝，則是別義。宗祀所配，復應有室，若專配一室，則是義非配五，若皆配五，則便成五位。以理而言，明堂本無有室。」朱异以爲：「〈月令〉：『天子居明堂左个右个』，聽碩之禮，既在明堂，今若無室，則于義成闕。」制曰：「若如鄭玄之義，聽朔必在明堂，於此則人神混淆，莊敬之道有廢，《春秋》云：『介居二大國之間』，此言明堂左右个者，謂所祀五帝堂之南，又有小室，亦號明堂，分爲三處，聽朔三處，則有左右之義。在營域之內，明堂之外，則有个名，故曰明堂左右个也。以此而言，聽朔之處，自

在五帝堂之外，人神有別，差無相干。」〔註91〕

南朝時期，常常出現君臣之間論難禮制的情形，在史傳之中屢見不鮮。而義疏之作，也可以看見這種風氣的痕跡，這是「補充疏釋」的部分，而其中朱异引〈月令〉經文為證，則是運用「經說相互發明」的解經方法。此段經文，提及「明堂」，而歷來對明堂制度便有不同的看法，武帝與朱异，辯論明堂制度，兩人意見相左，武帝藉其他各經以論證明堂，以為明堂為祭五帝，不應為天子聽政之所。藉由問答形式，使經義更明，這種論說禮制的風氣是南朝時期的特色。

南朝儒經義疏，有以講論為主，而後成書的；也有通篇以互相問難經義，而後記錄下來的，如《齊永明諸王孝經講義》即是太子、諸王與儒者間論難經說的紀錄，例如：

> 《齊永明諸王孝經講義》：五年冬，太子臨國學，親臨策試諸生，於坐問少傅王儉曰：「《曲禮》云：『無不敬。』尋下之奉上，可以盡禮，上之接下，慈而非敬。今總同敬名，將為不昧？」儉曰：「鄭玄云：『禮主於敬』，便當是尊卑所同。」太子曰：「若如來通，則忠惠可以一名，孝慈不須另稱。」儉曰：「尊卑另稱，不可悉同，愛敬之名，有時相次。忠惠之異，誠以聖旨，孝慈互舉，竊有證據。《禮》云：『不勝喪比於不慈不孝』，此則其義。」太子曰：「資敬奉君，資愛事親，兼此二塗，唯在一極。今乃移敬接下，豈復在三之義？」儉曰：「資敬奉君，必同至極，移敬逮下，不慢而已。」〔註92〕

這段文字原是記錄在《南齊書·文惠太子列傳》中的史料，其後被收錄為義疏之作。太子首先以《禮記·曲禮》：「無不敬」之義問於王儉，認為雖然經文言「無不敬」，但實則上位者對下則是慈而不敬。王儉則引用鄭玄《注》加以解釋，以為「敬」是禮之本，尊卑禮制不同，但總以「敬」為主。太子進一步以佛經思想切入，以為若「如來」貫通，則無所謂尊卑之別，階級間的差異可以因此消彌。然王儉本儒家禮制，以為階級間的差異是不可消除的，不同的階級，便有其適用的法則，不可以佛家理論概括社會制度的運行，即便是《孝經》中論「愛」、「敬」也有對象上的差別。太子以佛家角度，希望

〔註91〕 《隋書·禮儀志》，（台北，鼎文書局，民76年1月5版），頁120～121。
〔註92〕 《南齊書》，梁 蕭子顯著，（台北，鼎文書局，民76年1月5版），頁399～400。

能破除階級的差異，使忠惠一名、愛敬無二，然王儉用儒家理論，闡釋制度法則的重要性，兩者一來一往，使經說更爲深化。

（三）經說條理化

義疏經說的條理化，如前文所說，與佛經「三分科判」有很大的關係。漢代雖已有分章斷句、隨文釋經的章句之學，但解經結構性卻不如南朝儒經義疏，對經說作全面而系統的分判、解析，這種影響來自佛經科判。佛經科判創始於道安，本爲方便理解經說而創，藉由分出序分、正宗分、流通分三者，使佛經內容有了的基本的歸納，也方便人們理解經義。但這種分判法則，到後來越分越細，以致經文的說解也採用條理分析的方法，這使得原來理解大意的目的，轉爲細密繁瑣的解經內容，湯用彤言「佛教義學頗轉爲經師之學」，這種情形同樣符合儒經義疏的狀況。由於南朝義疏借用佛經科判法，是在科判之學進入高峰的時期，因此多至一經，少至一條，均可見科判的痕跡，以下舉數例以說明。

> 《周易・乾文言》：君子以成德爲行，日可見之行也。潛之爲言也，隱而未見，行而未成，是以君子弗用也。

> 陳　周弘正《周易周氏義疏》：上第六節乾元者，始而亨者也，是廣明乾與四德之義，此君子成德爲行，亦是第六節，明六爻之義。總屬第六節，不更爲第七節。德出於己，在身內之外，故云成；行被於人，在外之事，故云爲行。〔註93〕

周弘正解《周易・乾文言》，採取分段說明的方式，其原始面貌已不得見，然就文中「上第六節乾元者……總屬第六節，不更爲第七節」，則可知其第六節始自「乾元者始而亨者也」至《周易・乾文言》文末。先分判章節，然後再進行說解，就「成德之行」一句，以爲「德出於己，在身內之外，故云成；行被於人，在外之事，故云爲行」，對此句進行串講，這是科判方法的運用。

> 《周易・序卦》：物不可窮也，故受之以〈未濟〉終焉。

> 陳　周弘正《周易周氏義疏》：序例有數款，曰然後、曰而後、曰不可、曰不可以、曰不可不、曰必、曰必有、曰必有所、曰莫若，各有取義，約之不外一中。不問天道人事，高者抑之，下者舉之，得中者順之，隨時從道以趨中而已。其他奧義，諸賢多搜索于位置時

〔註93〕《周易正義》，頁 17。

數之間，可喜可愕，不可枚舉。然而夫子當時曾不瑣及，唯隨時用
中之道爲不易矣。〔註94〕

前文引用周弘正《周易・序卦傳》，周氏將六十四卦以天道門等六門總攝，而
此處是《序卦傳》之末，周氏則歸納《傳》文義例，分析《序卦傳》寫作條
例，以「然後」、「而後」……諸例爲則。分析條例之後，再闡釋《序卦傳》
義理，以爲《周易》之義本在「高者抑之，下者舉之，得中者順之，隨時從
道以趨中而已」，隨時而行，不做過猶不及之事，謹守中庸之道，是《序卦傳》
的義理所在。其後並批評象數之學，以爲仲尼作傳，本在闡發「隨時用中之
道」，若流於象數，則失仲尼本意。此段論述甚爲精闢，頗有發明義例，闡釋
大義，掃除異說之功。

《禮記・禮運》

> 梁　皇侃《禮記義疏》：從昔者仲尼以下至於篇末，此爲四段：自初
> 至是謂小康爲第一，明孔子爲禮不行而致發嘆。發嘆所以最初者，
> 凡說事必須因漸，故先發嘆，後使弟子因而怪問，則因問以答也。
> 又自言偃復問曰，如此乎禮之急，至天下國家可得而正也爲第二，
> 明須禮之急，前所嘆之意正在禮急，故以禮急次之也。又自言偃復
> 問曰，夫子之極言禮也至此禮之大成也爲第三，明禮之所起。前既
> 言禮急，急則宜知所起之義也。又自孔子曰鳴呼哀哉訖篇末爲第四，
> 更正明孔子嘆意也。〔註95〕

皇侃總釋《禮記・禮運》篇章，在形式上屬於「總括文義」。將篇文分爲四段，
分析篇章結構，以爲孔子篇首發嘆，是因「凡說事必須因漸，故先發嘆，後
使弟子因而怪問，則因問以答」，嘆息而使言偃發問，以進行〈禮運〉的主體
論述。其後論禮之重要性，「天下國家可得而正」。如解析文章般，第一段是
「起」頭發嘆，論述理想國，第二段是「承」問說禮，闡明禮之重要性。第
三節論禮制沿革，是「明禮之所起」，第四節則論孔子所嘆，是憂周道之衰，
並申論禮之作用。皇侃總括篇旨，先對經文作分判，然後分析各段要點，這
種分法使得經說更加條理化。在篇文之前分析文章結構，使聽者有概略性的
認知，也便於聽者理解經義，這對講經者來說，是有其必要的。

　　佛經正宗分對的影響，除了前面所提數例將經文分段之外，另外也促使

〔註94〕收錄於明　何楷撰《古周易訂詁》，《四庫全書・經部易類》。
〔註95〕《禮記正義》，頁412。

解釋經文時更加條理化，例如：

> 《論語・雍也》：子曰：「智者樂水，仁者樂山。智者動，仁者靜。
> 智者樂，仁者壽。」

> 梁 皇侃《論語集解義疏》：陸特進曰：「此章極辨仁智之分。凡分為
> 三段，自智者樂水，仁者樂山為第一，明智仁之性。又智者動，仁
> 者靜為第二，明智仁之用，先既有性，性必有用也。又智者樂，仁
> 者壽為第三，明智仁之功。已有用，用宜有功也。」〔註96〕

此處「陸特進」應為「顏特進」之訛，當指劉宋顏延之。將此章析為三段，
以為「智者樂水，仁者樂山」是先分別仁者、智者性之不同。其次，以為「智
者動」是智者之性的發用，「仁者靜」是仁者之性的發用。第三段則指出仁智
之用不同，導致不同功果。顏延之此條雖分析細密，但讀之不免繁瑣，太重
科判的結果，也會導致經說過於繁複。

　　以上所舉諸例，有一共同特色，即運用科判方法，都是在一經、一篇或一
條經說開頭或最終作系統性、概略性的敘述，若以講經者的角度觀察，則較能
理解。南朝義疏，多是由經師講論經義，而後書之成文，在講經之時，為便於
聽者理解，運用歸納條列式的方法是不錯的選擇。藉由分析歸納經文，尋繹經
文結構條理，作一概括性的敘述的敘述後，較能加強聽者對經文的概念，使理
解力變強。基於此，則可知為何科判方法普遍被運用到儒家義疏之中。

（四）直申經注

　　南朝時期，經師講經本為發揮經注義理，因而主講人在論述經義之時，
必是反覆論說，廣衍經義，使眾人得以明瞭。既然作者多是演講之人，則論
說之精彩度為要件之一，論說者或引舊事以闡揚經義，或就經文而抒以義理，
使本來質木無文的經說，變得更加深化。這種演說式的文體，在義理的敷陳
上本就會顯得十分繁複，如前面所說「補充疏釋」與「延伸擴展」兩者，但
其中也有深刻而使人了然於胸的精彩論述，例如：

> 《周易上經・乾》：潛龍勿用。

> 陳 張譏《周易張氏講疏》：以道未可行，故稱勿用以戒之。於此小

〔註96〕《論語集解義疏》，頁 203～204。文中「陸特進」，不知為何人，清人吳承仕
　　　　以為陸特進或為顏特進之誤，顏特進即劉宋顏延之，其說為是，見《經典釋
　　　　文序錄疏證》，頁 151。

－51－

人道盛之時，若其施用，則爲小人所害。寡不敵眾，弱不勝強，禍
害斯及，故戒勿用。若漢高祖生於暴秦之世，唯隱居爲泗水亭長，
是勿用也。〔註97〕

張譏論「潛龍勿用」一條，以人事比附，以爲「道未可行，故稱勿用以戒之」，
居於小人之世，若強用則爲其所害，並借漢高祖隱居爲泗水亭長的史實作爲
說明，其義平實曉暢，易爲人所理解。

《周易上經‧乾》：初九，潛龍勿用。

南齊 沈驎士：稱龍者，假象也。天地之氣有升降，君子之德有行藏。
龍之爲物，能飛能潛，故借龍比君子之德也。初九既尚潛伏，故言
「勿用」。〔註98〕

沈驎士論「潛龍勿用」，方向不同於張譏，乃就「龍」進行說解，以爲「龍」
爲象徵之義，是代表君子之德行，龍既能飛能潛，則以此象徵君子德行亦知
何時當行，何時當「勿用」。既爻在初九，因而此時君子當韜光養晦，潛伏
其德。由「龍」之象徵入手，緊扣經文進行說解，並配合卦爻，頗得經文之
旨。

《尚書‧立政》：自一話一言。我則末惟成德之彥，以乂我受民。

陳 顧彪《尚書顧氏疏》：人君爲政之道，當須用一善而已。爲善之
法，惟在一言也。末訓爲終，彥訓爲美士，王能出言皆善，口無可
擇，如此我則終惟有成德之美，以治我所受天民矣。〔註99〕

顧彪論此條，直接就經文發揮義理，以爲「人君爲政之道，當須用一善而已」，
國君爲政，本以善心治理，而善心的直接表示即在於「一言」，若能出言皆善，
並任用賢才美士，則成其德，足以治理人民。對經義作明確的解釋，並延伸
「一言」爲善心的顯露，實能發揮經說大義。

《禮記‧喪服小記》：故期而祭，禮也；期而除喪，道也。祭不爲除
喪也。

鄭玄《注》：此謂練祭也。禮，正月存親，親亡至今而期，期則宜祭；
期，天道一變，哀惻之情益衰，衰則宜除，不相爲也。

宋 庾蔚之《禮記略解》、梁 賀瑒《禮記新義疏》：祭爲存親，幽隱

〔註97〕《周易正義》，頁8。
〔註98〕《玉函山房輯佚書及補遺》，頁252。
〔註99〕《尚書正義》，頁264。

難知；除喪事顯，其理易識，恐人疑祭之爲除喪而祭，故記者特名
之云：祭不爲除喪也。

庾蔚之、賀瑒兩說相同，闡釋「祭不爲除喪」的義理。由於服喪有一定的禮制，在規定的時限便應除喪，但記者恐後人認爲「祭之爲除喪而祭」，因而特別申明非爲除喪。所謂「祭爲存親，幽隱難知」，即人子祭親，是爲保存事親之孝，其理隱諱難知，因而庾氏、賀氏特爲之申明，使人明瞭祭親之義。

《禮記‧樂記》：故禮以道其志，樂以和其聲，政以一其行，刑以防
其姦，禮樂刑政，其極一也。

鄭玄《注》：極，至也。

梁　賀瑒《禮記新義疏》：雖有禮樂刑政之殊，及其檢惰歸正，同至
理極，其道一也。

經文列舉禮、樂、刑、政各種形式的教化，總歸於「其極一也」。賀瑒闡釋「其極一也」的理由，以爲禮、樂、刑、政雖形式上有所不同，但目的皆在於「檢惰歸正」，皆爲教化之具，因而能夠「同至理極，其道一也」。能點明「其極一也」的內涵，有闡明經義之功。

　　所謂「義疏」，目的便在使經義更爲深入透徹，在魏晉辨析名理、經注義說的薰陶下，義疏在內容上主要便是深化經說，與經義相涉的，便大加闡釋義理；與禮制相涉的，則詳細考證，以申明禮制。諸儒在闡釋經說之時，時常會有新穎而深刻的見解，

（五）反注自出

　　就「義疏」一詞的功用而言，本是爲了疏通經義的，即本一家之說，進行經說內容的補充說明或是校正，然而南朝義疏的創作，並不限於闡發經說，在解釋經說之時，也常出現與經、注完全不相干的說法，例如：

《周易上經‧復》：「反復其道，七日來復。」

魏　王弼《注》：「陽氣始剝盡，至來復時凡七日。」〔註100〕

梁　褚仲都、莊氏：五月一陰生，至十一月一陽生，凡七月。而云七
日不云七月者，欲見陽長須速，故變月言日。〔註101〕

將「七日」解作「七月」，是南朝部分解《易》者的共同特色，此說所據爲何

〔註100〕《周易王韓注》，卷3頁5。
〔註101〕《玉函山房輯佚書及補遺》，頁260。

並不清楚，但就其論述理路而言，則固然有其道理存在，孔穎達批評南朝《易》說「辭尚玄虛，義多浮誕」，此文即爲明證。這種反注自出的解經現象，則反映了南朝時期學術風氣的自由。

　　《禮記‧檀弓下》：子游曰：「禮有微情者。」

　　鄭玄《注》：節哭踊。

　　梁　何胤《禮記隱義》：哭踊之情，必發於內，謂之微。微者，不見也。〔註102〕

此段原文本在討論喪禮中「哭踊」形式的必要與否，有子以爲孺子之哭喪，其情眞切，如此則喪禮之要義已經顯現，若規定哭踊的節度，則有矯情之嫌。子游云「禮有微情者」，鄭玄解「微」爲「節」，意爲節制哭踊，因禮之制定，乃在節制人情之過當，若因哭喪之過哀，以致毀形，則是過當之行。何胤解此文則不同於鄭玄，以爲「微」指內在隱微不見之處，意爲人之所以哭踊，是本於人內在隱微的情感，而禮制的制定，正爲配合內在情感的宣洩。此說別出己見，可備爲一說。

　　《禮記‧曲禮上》：君無所私諱，大夫之有所公諱。詩書不諱，臨文不諱。

　　鄭玄《注》：爲其失事正。

　　梁　何胤《禮記隱義》：詩書謂教學時也，臨文謂執文行事時也。〔註103〕

何胤解此條，方向與鄭玄不同。鄭玄以爲臣下對上，本應有所避諱，然若遇國君之失，則直諫而不諱。何胤則本經文脈絡進行說解，以爲人臣對君上，於公之時本應有所忌諱，但若遇詩書教學之時則以師長身份進行教學；執行公務時，則以事之準則爲主，不需有忌諱。此說較能緊扣經文，鄭玄之說則似衍伸義理。

　　《禮記‧禮器》：禮也者，合於天時，設於地才，順於鬼神，合於人心，理萬物者也。是故天時有生也，地理有宜也，人官有能也，物曲有利也……

　　鄭玄《注》：鬼神所祀，事有德也。

　　梁　皇侃《禮記義疏》：有聖人制禮得宜，故致天時有生，地理有宜

〔註102〕《禮記正義》，頁175。
〔註103〕《禮記正義》，頁59。

之等。〔註104〕

皇侃解此段經文，有別於經說本意。經文之意，本謂禮之制定，是爲配合天地鬼神，並合於人心需求，使事物能夠依循正確的軌則運行。然皇侃之說則倒因爲果，以爲「天時有生也，地理有宜也，人官有能也，物曲有利也」，是聖人制定禮制下的影響，這種說法並不符合於經說本意，也異於鄭玄之說。南朝經說，往往自出新解，但在經說的合理性上，有時較爲忽略。

《禮記・樂記》：是故其哀心感者，其聲噍以殺。

鄭玄《注》：言人聲在所見，非有常也。

梁　皇侃《禮記義疏》：聲，樂聲。〔註105〕

從經文以及鄭玄《注》來看，可以明白經文所說之「聲」本指人聲，〈樂記〉前文云「樂者，音之所由生也。其本在人心之感於物也」，此論樂之起源，在人心之感物，因此「聲」當爲人聲，而皇侃以爲「聲」當爲樂聲，則不合經文所指，是別出之義。

　　以上各例，可略見南朝經說的活潑面貌。雖然解經所本之經注，但疏家往往不依經注之意，自出一套說法，這種解經的態度當和玄學論辯有所關連。魏晉時期，談玄之風盛行，人各以玄義相論，而論辯的高下，往往取決於對玄義是否有新穎或深刻的見解，如《南齊書・王僧虔傳》：「曼倩有云：『談何容易。』見諸玄，志爲之逸，腸爲之抽，專一書，轉誦數十家注，自少至老，手不釋卷，尚未敢輕言。汝開老子卷頭五尺許，未知輔嗣何所道，平叔何所說，馬、鄭何所異，指例何所明，而便盛於麈尾，自呼談士，此最險事……談故如射，前人得破，後人應解，不解即輸賭矣。」〔註106〕當時論玄，務在博覽群書，而後能「前人得破，後人應解」，對於前人所論應能予以突破創新，這種創新義理的風氣同樣反映在儒經義疏的創作上，解經每每有別於前人，這是南朝重玄之風的影響。創新的代價，就是容易產生錯誤，南朝儒經義疏的新說解，在《五經正義》中時常被否定，有些是《五經正義》作者的偏激，但更多的是南朝經師的論無所據，這種創新的方式，顯然是章句轉換到義理之學時，必定產生的流弊。

〔註104〕《禮記正義》，頁450。
〔註105〕《禮記正義》，頁663。
〔註106〕《南齊書・王僧虔傳》，見《新校本南齊書附索引》，梁　蕭子顯著，（台北，鼎文書局，民72年），頁598。

（六）論辨經義

論辯經義是指經師對經說的內容進行論證，有時是證成經注，有時則是反對經注。但「論辯經義」與「反注自出」最大的不同，在於前者具有理論的辯證過程，經由反覆考辨，而使經文本身的義理更加彰顯；後者則缺乏論辯的過程，單純是經師本身自出新意，有時其說並無所本，在理論基礎上顯得較爲薄弱。就解釋方法來看，「反注自出」是屬於「立而不破」的解經方式，而「論辯經義」則可分爲「破而不立」與「破而後立」兩種方式。由於南朝儒經義疏皆有所本的經注，透過對經傳、經注義理的論辯，直追經文義理，使經義更加深入，這是南朝儒經義疏有別於前代的解經方式。然而，在前面「問答辯難」中，藉由彼此間的論難，已可見論辯經義的情形，何以此處別立一項「論辯經義」？筆者別立此項，目的在說明南朝儒經義疏受到佛經「合本子注」的影響，所產生的解經方法。在「論辯經義」的方法，特重經師本身對各家說法或各種制度的評論分析，並非藉由相互問難的形式發明經義，即「徵引成說」與「施加案語」的運用。經師解經以一家之經注爲主，旁及各家之說，做一綜合比較，使經義更加顯明，這是「論辯經義」的特色。以下列舉諸經例證，以作說明。

《周易上經·蠱》：《彖》曰：「蠱，剛上而柔下，巽而止，蠱。蠱，元亨，而天下治也。利涉大川，往有事也。」

魏 王弼《注》：「蠱，元亨，而天下治也。利涉大川，往有事也」。蠱者，有事而待能之時也。可以有爲，其在此時也。物已說隨，則待夫作制以定其事也。進德修業，往則亨矣。故元亨，利涉大川也。

〔註107〕

梁 伏曼容《周易伏氏集解》：蠱，惑也。萬事從惑而起，故以蠱爲事也。案《尚書大傳》云：「乃命五史，以書五帝之蠱事。」然爲訓者，正以太古之時，无爲无事也。今言蠱者，是卦之惑亂也。時既漸澆，物情惑亂，故事業因之而起惑也。故《左傳》云：「女惑男，風落山，謂之蠱。」是其義也。〔註108〕

〔註107〕《周易注疏》，（台北，藝文印書館，民86年8月初版13刷），頁57。
〔註108〕《玉函山房輯佚書及補遺》，頁258。黃慶萱先生於《魏晉南北朝易學書考佚》一書中，考證此條之案語並非李鼎祚所寫，而是出自伏曼容之手，參見《魏晉南北朝易學書考佚》，頁595～596。

　　梁　褚仲都《周易褚氏講疏》：蠱者，惑也。物既惑亂，終致損壞，
當須有事也，有爲治理也。故序卦云：「蠱者事也。」謂物蠱必有事，
非謂訓蠱爲事，義當然也。〔註109〕

王弼《注》直接訓「蠱」爲「事」，爲伏氏、褚氏所非，褚氏說同於伏曼容，
認爲「蠱」非訓爲「事」，是物因「蠱」而有「事」，因而當釋「蠱」爲惑。
王弼之說，本於《周易‧序卦傳》：「蠱者事也」，而伏曼容論卦之所以爲「蠱」
的原因，以爲言蠱者，是「卦之惑亂也」，由於時勢惑亂，導致事業漸多，所
以訓蠱爲事，並舉《左傳》之說以爲證，其說甚爲允當。褚仲都同於伏氏之
說，而云「物蠱必有事，非謂訓蠱爲事」，並肯定的說「義當然也」。兩者對
《傳》文、《注》文並非盲目跟隨，而能考辨義理，破而後立，直追經說本意，
可說是一大突破。

　　《禮記‧檀弓下》：孔子之故人曰原壤，其母死，夫子助之沐椁，原
壤登木曰：「久矣，予之不托於音也。」歌曰：「貍首之班然，執汝
之手卷然。」

　　梁　皇侃《禮記義疏》：原壤是上聖之人，或云是方外之人，離文棄
本，不拘禮節，妄爲流宕，非但敗於名教，亦是誤於學者。

　　原壤中庸下愚。〔註110〕

皇侃論原壤，見於此條經文與《論語‧憲問》：「原壤夷俟」，皇侃疏云：「原
壤者，方外之聖人也，不拘禮教，與孔子爲朋友……孔子方內聖人，恆以禮
教爲事」〔註111〕，皇侃於《論語》中，稱說原壤爲「方外之聖人」，此處云原
壤「是上聖之人」，但後引他人之說，以爲原壤敗壞禮教，離文棄本，是誤於
學者之徒。皇侃在論語中，並沒有引用他人之說批評原壤，認爲原壤是上聖
之人，這當是受到佛教的影響。皇侃本身讚美原壤爲上聖，但列舉相異之說
作比較，結論又云「原壤中庸下愚」，顯然皇侃在講論時立場有所動搖，這種
情形式可以理解的。由於《論語》之作，經何晏等人改造，其內容已多染玄
風，在義理上可以有較多發揮的空間，但《禮記》之學，本是重典章制度的
探討，原壤破壞禮制，在講論時若再加以讚美，則講經者便不知所云，即便
皇侃本身以原壤爲上聖，但論及禮制時，則有不可過越的界線，因此引用他

〔註109〕《玉函山房輯佚書及補遺》，頁 260。
〔註110〕《禮記正義》，頁 199。
〔註111〕《論語集解義疏》，頁 530。

人之說以做比較，從而論原壤爲「中庸下愚」。

《禮記・喪服大記》：其有命夫命婦則坐，無則皆立。

鄭玄《注》：命夫命婦來哭者，同宗父兄子姓姑姊妹子姓也。凡此哭者，尊者坐，卑者立。

梁　皇侃《禮記皇氏義疏》：凡謂君與大夫其哭者，若爵位尊則坐，故上文君喪子及大夫坐，大夫之喪，主人、主婦、命夫、命婦皆坐是也。君之喪，卿大夫皆立。大夫之喪，非命夫命婦者皆立是也。此云尊卑，非爲對死者爲尊卑也。若其今所行之禮，與古異也，成服之後，尊於死者則坐，卑於死者則立。〔註112〕

皇侃論辯古今禮制之不同，凡服喪之時，尊者坐喪，然古代所謂尊者，非爵位之尊卑，而是取決於喪禮當下的主從安排。如主喪之人，即使爵位不如死者，但因其主喪，在禮制上爲尊，因而得坐喪故言「主人、主婦、命夫、命婦皆坐」。而到了皇侃的年代，尊卑的定位就取決於死者，若來追喪之人爵位高於死者則得坐，若低於死者則必須立喪，皇侃論說經文，比較古今不同，使聽者能夠分辨異代之禮，這也有助於聽者對經義的深入瞭解。

《論語・八佾》：禮，與其奢也，寧儉。

梁　皇侃《論語集解義疏》：……夫禮本貴在奢儉之中，不得中者皆爲失也。然爲失雖同，而成敗則異，奢則不遜，儉則固陋，俱是致失，奢不如儉，故云：「禮與其奢寧儉」也。

喪，與其易也，寧戚。

梁　皇侃《論語集解義疏》：……凡喪有五服，輕重者各宜其情，所以是本。若和易及過哀，皆是過失。會是一失，則易不如過哀，故云：「寧戚」也。或問曰：「何不答以禮本而必言四失，何也？」通云：「舉其四失，則之不失其本也。其時世多失，故因舉失中之勝，以誡當時也。」

何晏《論語集解》：苞氏云：易，和易也。言禮之本失於奢，不如儉也。喪失於和易，不如哀戚也。

梁　皇侃《論語集解義疏》：就注意，即所答四失從二即是禮之本也。

〔註112〕《禮記正義》，頁764。

〔註 113〕

皇侃本何晏《集解》疏釋，何晏此條引用苞咸「禮之本失於奢，不如儉也。喪失於和易，不如哀戚也」之說，是反對禮過於奢侈，因而以儉約矯正。皇侃疏釋此段，不依苞咸之說，而認爲「禮本貴在奢儉之中，不得中者皆爲失」，過奢或過儉皆是失當，然兩者相較取其輕，因而寧可以儉矯奢侈之失。其論喪制亦同於此，以爲「和易及過哀，皆是過失」，凡喪禮五服之制定，本在調節人之哀情，使哀慟得以有所節度，若因喪親而哀慟毀形，則失禮之本意。若喪禮過於和易，則無感恩之情，是以孔子言「居上不寬，爲禮不敬，臨喪不哀，吾何以觀之哉」《論語·八佾》。和易與過哀皆是過失，然相較之下，過哀尚有眞情流露，因此寧可過哀。其後答人所問，以爲列舉四失，則能彰顯禮之大本。此段論辯甚爲精要，針對經文本意進行說解，而不盲從經注之說，破而後立，是其進步之處。

　　《孝經·庶人章》：故自天子至於庶人，孝無終始，而患不及者，未
　　之有也。

　　南齊 劉瓛《孝經劉氏說》：謝萬以爲「無終始，恆患不及未之有者，
　　少賤之辭也。」禮不下庶人，若言我賤而患孝行不及者，未之有也。
　　但憂不及之理，而失於歎少賤之辭也。〔註114〕

劉瓛論述此條，先引用晉朝謝萬之說，然後加以評論。劉氏以爲謝萬之說有失，其論「無終始，恆患不及未之有者」爲「少賤之辭」，劉氏不以爲然，以爲雖然「禮不下庶人」，但孝敬之心無有差別，因此經文云「故自天子至於庶人，孝無終始」，明白指出孝道不分階層，唯有憂慮行孝道之不足，並無鄙視庶人之意。劉氏反駁謝萬之說，論證經文之旨並無「少賤」庶人之意，此說破而不立，有廓清義理之功。

　　儒經義疏中「論辯經說」的方法，應有受到佛經「合本子注」的解經方式影響。「合本子注」是將諸家之說並列，以比較其差異，使經說能更爲明瞭，如東晉道安《十法句義經序》中說：

　　　經之大例，皆異說同行。異說者，明夫一行之歸致；同行者，其要
　　　不可相無，則行必俱行，全其歸致，則同處而不新，不新則頓至而
　　　不惑；俱行故叢萃而不迷也。所謂知異知同，是乃大通。既同既異，

〔註113〕《論語集解義疏》，頁 73～74。
〔註114〕《孝經注疏》，頁 27。

是謂大備也。以此察之，義焉庾哉！義焉庾哉！夫玄覽美乎同異，

而得其門者或寡矣；明白莫過於辨數，而入其室者鮮矣。〔註115〕

道安探討佛經義理的研究，提出「經之大例，皆異說同行」，綜合各家經說以
進行比較，而能「知異知同，是乃大通」。運用經說博覽同異、辨析事數的方
式，使各家說法得以融通比較，能如此則「義焉庾哉」，經說大義便能藉由比
較而更爲明瞭。「異說同行」的解經觀念，在淵源上當是本於漢末融通經說之
風，然佛經在融通各家經說之時，則以一家之注爲母本，再依各家不同經說
以進行比較，這種方式有別於集解之作。南朝儒經義疏，受到此種方法的影
響，解經同樣本一家之注進行說解，《北史・儒林傳》云：「江左，《周易》則
王輔嗣，《尚書》則孔安國，《左傳》則杜元凱。河洛，《左傳》則服子慎，《尚
書》、《周易》則鄭康成。《詩》則並主於毛公，《禮》則同遵於鄭氏。」〔註116〕，
這段史料說明南北朝經說皆有所本經注，而非自出新注。現存最完整的南朝
義疏，爲皇侃《論語集解義疏》，在《論語集解義疏敍》中提到：「侃今之講，
先通何集，若江集中諸人有可採者，，亦附而申之。其又別有通儒解釋，於
何集無所好者，亦引取爲說，以示廣聞也」，則皇侃以何晏《論語集解》爲母
本，並對其他各家之說予以蒐羅比較，目的在「以示廣聞」，實則對義理也能
有深入的闡發，這種注經態度同於道安之說，是運用佛家「合本子注」的解
經方法。從《論語集解義疏》可清楚看見「合本子注」的方法，其收羅魏晉
以來諸家經說，可說是集古今之大成。但除了此書外，並沒有其他有力的證
據可以證明南朝義疏有受到「合本子注」的影響，只能就殘存疏文中舉例作
佐證，如劉瓛《孝經劉氏說》，當是本於鄭玄《注》〔註117〕，再收羅謝萬之說
加以評論；沈重《毛詩沈氏義疏》也是以《毛傳》爲主，對其他各家之說進
行論辯〔註118〕，這也是「合本子注」方法的運用。

〔註115〕見梁 僧祐撰《出三藏記集》卷十，載於《大正新修大藏經・目錄部》。
〔註116〕《新校本北史并附編三種》，唐 李延壽撰，(台北，鼎文書局，民65)，頁2709。
〔註117〕《經典釋文序錄疏證》云：「自《晉中經簿》以下，有《孝經鄭氏注》而不題
　　　　玄名。晉永和太元中，再聚群臣，共論經義，有荀昶者，撰集《孝經》諸說，
　　　　始以鄭氏爲宗。」又《南齊書・陸澄傳》云：「武帝永明元年，陸澄領國子博
　　　　士。時國學置鄭王《易》……鄭玄《孝經》」，自晉至齊，《孝經》以鄭玄《注》
　　　　爲宗，劉瓛當本鄭氏之說。
〔註118〕《詩經・鄘風・與子偕老》：「玼兮玼兮」，沈重云：「毛及呂忱並作玼解。王
　　　　肅云：『顏色衣服鮮明貌』，本或作瑳，此是後文。瑳兮，王肅注：『好美衣服
　　　　絜白之貌』，若與此同，不容重出。」此文考辨版本問題，當時王肅《注》「玼

　　然而，儒經義疏雖運用佛經「合本子注」的方法，但在表現上卻與佛經有所不同。佛經會譯，廣引諸家之說，而以一本為主，其餘諸說只是對照性的用途，基本上法師仍是闡揚母本之說，但儒經義疏雖以經注母本為主，但在論辯時，卻不見得完全闡釋母本之說。在解經態度上，若覺經注之說不妥，則同樣予以推翻，可見儒經義疏所追求的是經文本身的意涵，這是與佛經義疏最大的不同。伏曼容、褚仲都本王弼之《注》，但卻不完全認同其說，甚至連《序卦傳》之說也一併懷疑，直追《易經》本意；皇侃本何晏《集解》，但卻對所引之注進行批判，以為其說不合經義，此種精神，當承自魏晉經說求真精神。如范寧《穀梁經傳集解序》中所言「若至言幽絕，擇善靡從，庸得不並舍以求宗，據理以通經乎」，解釋《穀梁傳》時，若遇《三傳》之說皆不能契合經義，則「並舍以求宗，據理以通經」，直接就經文義理進行闡釋，如此不盲從《傳》文，而客觀審視經義，影響到南朝儒經義疏的創作，使其內容不同於佛經義疏，呈現更為多元的面貌。

小　結

　　由以上分類論述，可知南朝儒經義疏體裁，雜揉前代各種經說注釋體裁，並結合佛經注釋的方式，形成複雜多元的面貌。就外緣因素來說，則有佛經中的科判與「合本子注」，儒經中章句、訓詁、集解體裁的影響；就內在因素來說，則是學風的改變與玄學的影響。然而，若儒經義疏體裁皆是繼承前代，此種體裁的「拓新」究竟為何？其價值又為何？筆者以為，南朝儒經義疏的創新與價值，在於「疏」破「注」說。對集解而言，儒經義疏因受到「合本子注」的影響，使得形式上有別於集解體裁，是以一家之說為母本，進而收羅諸說，並加以論辯，而集解評判眾說，一者如何晏「有不安者，頗為改易」，擇善說而從，義有不安者自下己意；一者如范寧「並舍以求宗，據理以通經」，廣收各家之說進行論證，並直接對所注之《傳》進行批判。以一家之說為底本，在比較論說上較為便易，南朝義疏為講經之紀錄，由此種形式也可以看出端倪，在方法上不同於集解之作。

　　其次，義疏以注為本進行講論，但受到魏晉集解、義說求真精神，與玄

　　分」或作「瑳兮」，沈重辯證「瑳兮」當為後文，不容在此重出，此則是本《毛傳》本文對王肅之說進行批判，是「合本子注」的影響。

談論辯的影響，不死守所本之注，擇其善者從之，若有不善則予以推翻，直述經文本意。「疏」本是闡釋經注的講論，但經師往往破「注」，不盲從經注，透過論辯經說，更加彰顯經說義理。另外，經師常有爲創新而創新，在理論上並無所據，這是受到玄學重創新的風氣的影響，這類經說雖然時有謬論，在價值上較低，但也是「疏」破「注」的表現之一。歷代經注的創作，無非是爲了闡揚經義，而不同的注釋體裁會造成不同的解經面貌，南朝時總結各種注釋體與方法，提供了便於各種學說比較的解經模式，使儒學的注釋注入更多新生命。南朝義疏既是講經之記錄，經師受到重創新的風氣影響，能以不同思維切入經說，或論辯經說，尋求經文本意，或自出新說而無所本，可以看出濃厚的實驗精神。「義疏」破「注」固然會產生許多流弊，如雜揉其他思想，或論說無據，使經說變質，《周易正義序》云：「江南義疏，十有餘家，皆辭尚虛玄，義多浮誕……若論住內住外之空，就能就所之說，斯乃義涉於釋氏，非爲教於孔門也」〔註 119〕，《禮記正義序》云：「皇氏雖章句詳正，微稍繁廣，又既尊鄭氏，乃時乖鄭義，此是木落不歸其本，狐死不首其丘」〔註 120〕，疏《易》時雜揉玄佛思想，疏《禮》則往往破鄭《注》以立說，經說呈現百家爭鳴的局面，使人無所適從。然義疏總結漢魏以來注釋體裁的形式與方法，爲唐代《五經正義》的寫作，作了最佳的準備工作，以下再論其對《五經正義》之影響。

儒經義疏體裁的另一價值，在於其對《五經正義》的影響（以下簡稱正義）。南朝儒經義疏的解經方法，皆爲《正義》所取用，如儒經義疏運用科判，也常出現在《正義》中，例如《周易・坤文言》：「坤至柔而動也剛，至靜而德方」，《周易正義》云：「此一節是第一節，明坤之德也。自積善之家，以下是第二節也，分釋六爻之義」〔註 121〕，此處僅舉一隅，以證義疏之影響。《正義》疏經，廣引各家之說以作比較，而《易》本王弼《注》、《詩》本《毛傳》、《書》本《僞孔傳》、《禮》本鄭玄《注》、《左傳》本杜預《集解》，此即受「合本子注」方法之影響，本一家之說，對各家進行評論。其中較爲不同的，是《正義》之作，本「疏不破注」的原則，對其他各家的評論，皆準於《注》說，合於《注》者則採用，不合於《注》說，則予以批判，這與南朝義疏不

〔註 119〕《周易正義》，頁 2。
〔註 120〕《禮記正義》，頁 4。
〔註 121〕《周易正義》，頁 20。

死守一《注》有基本上的不同。經學發展到唐朝，由於時代的一統，必須對南朝以來眾說紛紜的經學面貌作一總結，《正義》之作便應運而生。統一經說的結果，雖然使得南朝許多謬誤之說得以改正，如經說的玄虛思想與佛經理論的涉入，但這也扼殺了南朝以來經說自由的面貌。經說自由雖有其流弊，但對於思想的融合，理論的創新有極大的助益，宋明理學兼涉儒釋道三家，其源可追溯至南朝義疏的思想，而儒經義疏體裁的包容性提供了融合比較各種理論的可能，這是值得注意的。唐代《正義》之作，雖廓清經說亂象，總結南朝以來五經經說，但由於「疏不破注」的限制，使得經說體裁不再有活潑的生命力，這也導致中唐時期對經學的反省，進而促進宋儒理學的產生。南朝儒經義疏體裁，在注釋方法上，影響到唐朝《五經正義》的制作；在傳承論辯精神、融通比較各家之說上，是宋代理學的遠祖，則儒經義疏體裁的創新，在中國注釋學的發展上具有特殊的意義。

　　《五經正義》是義疏體裁的高度發展，象徵著中國經學注釋體裁的成熟，後代經說之著作模式，基本上皆可在《正義》中找到蹤跡，章句訓詁、闡釋義理、校讎考辨、融通比較等方式，在《正義》中已有概略的規模，而《正義》之作基本上是南北朝儒經義疏的總結，《北史·儒林傳》云：「南人約簡，得其英華；北學深蕪，窮其枝葉〔註122〕」，則北學重考辨名物、南學重義理發揮。但如前文所說，南朝儒經義疏實是各種注釋體裁與注釋方法的總和，不僅重義理發揮，也同樣兼有北學特色，《五經正義》之作，如前所說《易》本王弼《注》、《書》本《僞孔傳》、《禮》本鄭玄《注》、《左傳》本杜預《集解》，由《正義》所本的經注，可看見南學的影響，《北史·儒林傳》云：「江左，《周易》則王輔嗣，《尚書》則孔安國，《左傳》則杜元凱。河洛，《左傳》則服子慎，《尚書》、《周易》則鄭康成。《詩》則並主於毛公，《禮》則同遵於鄭氏」，除《毛傳》、鄭玄《禮》為共遵外，其餘經注皆用南學所本，因此可說《五經正義》其實就是南學的延續，由此可見南朝儒經義疏對《五經正義》影響之大。

　　以上總結南朝儒經義疏體裁對後代的影響，由於儒經義疏體裁雜揉各體的特殊性，提供了各種學說融合的平台，使儒釋道三家之說，在以儒經為本體的形式上得到初步融合，這影響了宋儒理學的產生。宋代理學，同樣是以儒經為本，闡釋儒家義理，但其中已融合釋道兩家的學說，

〔註122〕《北史》卷81，列傳第69，頁2709。台北，鼎文書局。

因此儒經義疏體裁，在融合三家學說上，具有一定的歷史地位。而《五經正義》承襲儒經義疏體裁的解經方式，是義疏之學的高度發展。《五經正義》的產生使中國經說注釋體裁達到了新的高峰，則南朝儒經義疏體裁的發展，在中國注釋學史上有著不可磨滅的地位。

第三章　南朝儒經義疏內容探析

前　言

　　南朝義疏，現今所留下最完整者只有皇侃《論語義疏》一本，其餘皆已亡佚，現在所能見到，多半是自各種書籍中蒐羅而得，要以些許殘文，探究南朝經學發展則非易事。現今研究義疏殘文之作，多半是分析殘文，進而探討其學所承與當代學術趨向，關於這部分的探究，前人已經做了許多深刻的研究與探討，若筆者要就義疏經文本身做全面性的研究論析，則不免畫蛇添足，也非筆者才力所及。但若就義疏殘文之中，探究南朝經學發展的脈絡與影響，以及經說內容與當代學風、政治間的相互關係，則仍有值得開發之處。基於此，筆者以義疏解說模式、鄭王之爭的延續以及經說的深化與創新三方面切入，試圖以不同的方式探究南朝義疏內容與時代之間的關係，並歸納義疏之作的價值，以期能標示出南朝義疏在中國經學史上的地位所在，以下分別就三方面加以論述。

第一節　義疏內容之解說模式

一、以一家之注為底本

　　義疏之作，基本上即是以一家之注為底本，對經文及注文的內容作更深

刻的闡釋，以達到疏通經義的效果，這是義疏所以為名的原因。南朝義疏的內容，受到朝廷立學的影響，而有不同的面貌，如《易》並立王弼、鄭玄，《左傳》兼有杜預服虔之注，《南齊書》〈陸澄傳〉云：「時國學置鄭、王易，杜、服春秋」，是以南朝義疏常有各家之論並存。但就疏通義理來說，則義疏之作基本上是篤守一家之注的，以下分別就各經義疏進行考察。

（一）《周易》方面

《周易》〈乾文言〉：九三曰……知至至之，可與言幾也；知終終之，可與存義也。

王弼《注》：處一體之極，是至也；居一卦之盡，是終也。

梁‧褚仲都《周易講疏》：一體之極是至者，是下卦已極，將至上卦之下，至謂至上卦也。〔註1〕

《周易》〈恆〉：恆，亨，无咎，利貞，利有攸往。

王弼《注》：恆而亨，以濟三事也。恆之為道，亨乃无咎也；恆通无咎，乃利正也。各得所恆，修其常道，終則有始，往而无違，故利有攸往也。

梁‧褚仲都《周易講疏》：三事：謂无咎、利貞、利有攸往。

陳‧周弘正《周易講疏》：三事者，一亨也，二无咎也，三利貞也。

〔註2〕

《周易》〈乾文言〉：潛龍勿用，下也。

王弼《注》：夫識物之動，則其所以然之理，皆可知也。

陳‧張譏《周易講疏》：識物之動，謂龍之動也。則其所以然之理，皆可知者，謂識龍之所以潛，所以見，然此之理，皆可知也。〔註3〕

以《周易》言，南朝《周易》義疏以鄭玄、王弼本立於國學，《南齊書》卷三十九〈陸澄傳〉云：「元嘉建學之始，玄、弼兩立。逮顏延之為祭酒，黜鄭置王，意在貴玄，事成敗儒……玄不可棄，儒不可缺，謂宜並存，所以合無體之義」〔註4〕，《隋書》〈經籍志一〉：「梁、陳鄭玄、王弼二注列於國學」〔註5〕，

〔註1〕 《周易注疏》，頁14。
〔註2〕 《周易注疏》，頁83。
〔註3〕 《周易注疏》，頁16。
〔註4〕 《南齊書》卷39〈陸澄傳〉，頁684。

則終南朝之世，除顏延之黜鄭外，鄭玄、王弼二家注本並列於國學，然鄭玄注本並不受當時人所重視，學者所作義疏，一皆以王弼之注爲底本，此則玄風大暢於南朝之因。今所見《易》類義疏，則有專爲王弼注語疏通其義者，是知王弼本爲眾家所本，並未見到同時疏通鄭王《注》者，則《易》本一家之注之論可通。

（二）《尚書》方面

《尚書》〈五子之歌〉：一人三失，怨豈在明，不見是圖。

《僞孔傳》：三失，過非一也，不見是謀，備其微。

陳‧顧彪《尚書顧氏疏》：怨豈在明，未必皆在明著之時，必於未形之日，思善道以自防衛之，是備慎其微也。〔註6〕

《尚書》〈胤征〉：其或不恭，邦有常刑。

《僞孔傳》：言百官廢職服大刑。

陳‧顧彪《尚書義疏》：百官眾臣，其有廢職懈怠，不恭謹者，國家當有常刑。〔註7〕

《尚書》之本，《隋書》〈經籍志一〉云：「梁陳所講，有孔鄭二家」〔註8〕，今存南朝《尚書》義疏，只有顧彪一家，而其本之經注爲《僞孔傳》，合於《北史》所云：「尚書則孔安國」之論，顧彪專爲《僞孔傳》疏解，未見同時疏解鄭孔二家經注，是則《尚書》義疏合於義疏基本義例。

（三）《詩經》方面

《詩經》〈周南‧葛覃〉：集于灌木。

〔註5〕《隋書》卷32〈經籍志一〉，頁913。
〔註6〕顧彪見於《北史》及《隋書》，然《北史》本傳云：「顧彪字仲文，餘杭人，明《尚書》、《春秋》」，餘杭南朝時屬揚州，《隋書》〈地理志下〉云：「餘杭郡」，注云：「平陳，置杭州」，則陳時餘杭爲陳朝屬地，非爲北朝屬地。其爲《尚書義疏》本《僞孔傳》，自北齊以來，梁人費甝《尚書義疏》行於北朝，則南學浸潤於北，顧彪義疏本於《僞孔傳》，則其學爲南學。又《舊唐書》〈儒學‧朱子奢傳〉云：「朱子奢，蘇州吳人也，少從鄉人顧彪習《春秋左氏傳》。」，《北史》本傳云其通《尚書》、《春秋》，則二顧彪即同一人。云「鄉人」，則顧彪授《春秋》時居於南朝可知，其時學已成，是其人爲南人，其學爲南學之明證，因其後入於隋，故以陳朝之人冠之。
〔註7〕《尚書注疏》，頁102。
〔註8〕《隋書》卷32〈經籍志一〉，頁915。

《毛傳》：灌木，叢木也。

宋·周續之《毛詩注》：叢，徂會反。〔註9〕

《詩經》〈商頌·長發〉：湯降不遲，聖敬日躋，昭假遲遲，上帝是
祗，帝命於九圍。

《鄭箋》：假，暇……然而以其德，聰明寬暇，天下之人遲遲然，言
急於已而緩於人，天命是故愛敬之也。

梁·沈重《毛詩義疏》：鄭箋云寬暇，此以義訓，非改字也。〔註10〕

《詩經》〈鄭風·大叔于田〉：二矛重喬。

《毛傳》：重喬，累荷也。

梁·沈重《毛詩義疏》：胡可反，謂兩矛之飾相負荷也。

《鄭箋》：喬，毛矜。近上及室題，所以縣毛物。

梁·沈重《毛詩義疏》：（矜）居陵反。近，附近之近；題音啼，題
頭也。室，劍削名也。〔註11〕

《詩經》〈召南·江有渚〉

《毛傳》：水歧成渚。

梁·何胤《毛詩隱義》：歧，其宜反。〔註12〕

《詩經》的發展在南朝較為複雜，因《詩經》歷經了鄭王之爭，南朝諸家有
以鄭學為宗者，有集各家之說以注解者，體例不一，但其最大公約數，仍是
以《毛傳》為底本，在這點上，可以說是以一家之注為底本。以「義疏」為
名者，現存資料不足，唯有沈重《毛詩義疏》，其內容以《毛傳》為底本，兼
論《鄭箋》，實則本鄭玄之說而疏解，是為正例。周續之《毛詩注》、何胤《禮
記隱義》本《毛傳》而兼述鄭說，與義疏之體相同。崔靈恩《集注毛詩》不
名為《義疏》，則可知其採取多家之說，兼而論之，不為義疏之列，但其說仍
有可觀。沈重名為義疏，體例為正，最低程度上可說《詩經》「義疏」之作，
沒有同時疏解二家經注的情形。

〔註9〕　《毛詩注疏》，頁38。
〔註10〕　《經典釋文》，頁107。「改」字《釋文》及《正義》本作「韓」字誤。
〔註11〕　《毛詩注疏》，頁14。
〔註12〕　《毛詩注疏》，頁65。

（四）《禮記》方面

《禮記》〈曲禮〉：六十曰耆，指使。

《鄭注》：指事使人也。

梁‧賀瑒《禮記新義疏》：耆，至也，至老之境也。不得執事，但指事使人也。〔註13〕

《禮記》〈內則〉：舅姑若使介婦，毋敢敵耦於冢婦。

《鄭注》：雖有勤勞，不敢掉磬。

梁‧何胤《禮記隱義》：齊人謂相絞訐為掉磬。〔註14〕

《禮記》〈文王世子〉：公族其有死罪，則磬於甸人。

《鄭注》：縣縊殺之曰磬。

梁‧皇侃《禮記義疏》：如縣樂器之磬也。〔註15〕

《禮記》〈喪服小記〉：為慈母後者，為庶母可也，為祖庶母可也。

《鄭注》：謂父命之為子母者也。

梁‧皇侃《禮記義疏》：此鄭注摠解經慈母、庶母、祖庶母三條也，皆是庶子父命之使事妾母也，故云：「父命為子母也。」〔註16〕

「禮則同遵鄭氏」，算是概略的歸納了南北朝禮學的特色，現存南朝禮學義疏之作，的確是以《鄭注》為底本，進而疏通經義或注義，未有以他家經注為底本者，則本一家之注之說可以成立，是為義疏正例。

（五）《左傳》方面

《左傳》〈莊公十有八年〉：秋，有　，為災也。

杜預《注》：　，短狐也。蓋以含沙射人為災。

陳‧沈文阿《春秋左氏經傳義略》：此有　《傳》重發例者，以螟蟊與蜚同是害禾稼，此　則害人，故《傳》特發之。〔註17〕

《左傳》〈隱公十有一年〉：《經》：「夏，公會鄭伯于時來。」

〔註13〕 《禮記注疏》，頁 17。
〔註14〕 《禮記注疏》，頁 522。
〔註15〕 《禮記注疏》，頁 401。
〔註16〕 《禮記注疏》，頁 604。
〔註17〕 《左傳注疏》，頁 158。

杜預《注》：時來，郲也。榮陽縣東有釐城，鄭地也。

陳·王元規《續春秋左氏經傳義略》：釐，力之反。〔註18〕

從以上諸經義疏的內容例證看來，在現存南朝義疏之作中，尚未見到同時疏解二家經注的情形，可知南朝義疏在最低的程度上，是有所本的一部經注。以此本經注爲底本，進而疏通義理，是南朝義疏的正例。然而，南朝義疏內容並不止論述一家之說，對各家之說仍有採用或論述，這是受到集解體與合本子注兩者的影響，清人周中孚云：「若守一家之注而詮解之，且旁引諸說而證明之，所謂義疏也」〔註19〕，可說是南朝義疏的最佳解釋。以一家之說爲底本，進而旁引諸說，或辨析各家優劣，則是南朝義疏內容豐富的原因之一。

二、兼論各家之說

所謂南學北學，與義疏所本之經注並沒有絕對的關係。《北史》〈儒林傳序〉云：「江左，周易則王輔嗣，尚書則孔安國，左傳則杜元凱；河、洛，左傳則服子慎，尚書、周易則鄭康成；詩則並主於毛公，禮則同遵於鄭氏」，這對義疏體裁來說大略是正確的，即南北朝義疏之作如《北史》所言，以文中諸家之注爲義疏之底本。但若就內容說，則南朝義疏在發揮經義時，不必然遵從經注之說，就現存義疏殘文觀察，往往是左右採獲，時而申說經注義理，時而擷取別家之說，既本注又背注，正如《禮記正義》所說「木落不歸其本，狐死不首其丘」〔註20〕，是南朝義疏內容的特色之一；或有評論各家正誤，則是合本子注的精神。以下先論採取各家之說，以作說明。

《禮記》〈哀公問〉：公曰：「寡人固，不固，焉得聞此言也。」

《鄭注》：固不固，言吾由鄙固故也。

王肅《禮記注》：二固皆爲固陋。上固，己之故陋；下固，言若不鄙固，則不問，不問，焉得聞此言哉。

梁·皇侃《禮記義疏》：（同於王肅之說）二固皆爲固陋。上固，己之故陋；下固，言若不鄙固，則不問，不問，焉得聞此言哉〔註21〕。

〔註18〕《左傳注疏》，頁78。

〔註19〕清·周中孚，〈六朝經術統派論〉，《皇清經解》（台北，復興書局，1972），卷1825，頁15101。

〔註20〕《禮記注疏》，頁2。

〔註21〕《禮記注疏》，頁850。

（斷句異乎鄭玄）

皇侃雖本《鄭注》，但偶有採取他人之說，如此條經文，解釋全用王肅之說，是「木落不歸其本」之證。王肅斷句異於鄭玄，以爲「固，不固」，鄭玄以爲因吾鄙固之故，才得以聞孔氏之說，王肅之義則以二固爲固陋，其言曲說難識，不若鄭玄之通曉。引用王肅之說，卻不能妥善說明經義，則是皇氏之失。

　　《周易》〈乾〉：九二，見龍在田，利見大人。

　　王弼《注》：出潛離隱，故曰見龍；處於地上，故曰在田。德施周普，居中不偏，雖非君位，君之德也。

　　漢 鄭玄《注》：二於三才爲地道，地上即田，故稱田也。九二利見九五之大人。

　　梁 褚仲都《周易講疏》：九二利見九五之大人。〔註22〕

　　陳 張譏《周易講疏》：九二利見九五之大人。〔註23〕

王弼就義理以說卦，而褚仲都、張譏雖本王弼之注，但於解釋經文時卻採用鄭玄之說，固然因國學並置鄭王之學，而有兼採他家之說，但不本王注已立說，直接遵循鄭玄，則又是左右採獲，取擇無定，所以見譏於後世。

　　其次，義疏雖本一家之注，但遇其理論未安，或他人之說不善者，則能勇於糾正，這是受到魏晉時期經說求眞精神的影響，這對經說的發展具有正面的意義，以下舉各經之例以說明。

　　《禮記》〈曾子問〉：古者男子外有傅，内有慈母，，君命所使教子也，何服之有？

　　鄭《注》：大夫士之子，爲庶母慈己者服小功，父卒乃不服。

　　梁・皇侃《禮記義疏》：有「士」誤也。〔註24〕

皇說爲是，按《儀禮》〈喪服經傳〉云：「君子子爲庶母之慈已者。傳曰：君子子者，貴人之子也。爲庶母何以小功也？以慈加已也」，戴聖云：「其不言大夫之子而稱君子子者，君子猶大夫也」〔註25〕，則君子不指「士」可知。皇侃雖本鄭玄，然遇謬誤之處仍能直指其非，這是南朝義疏解說的進步之處。

〔註22〕《玉函山房輯佚書及補遺》，頁258。
〔註23〕《玉函山房輯佚書及補遺》，頁268。
〔註24〕《禮記注疏》，頁369。
〔註25〕見《通典》〈禮典・小功成人服五月〉條。

《禮記‧月令》：律中黃鍾之宮。

鄭《注》：五聲六律十二管，還相爲宮。黃鍾之宮最長也。季夏之氣至，則黃鍾之宮應。

梁 賀瑒《禮記新義疏》：黃鍾是十一管，何緣復應此月，正以土義居中，故虛設律於其月，實不用候氣也。

梁 崔靈恩《三禮義宗》：凡陰陽之管合有十二律，律各爲一調，迭相爲宮，而生五聲，合而成樂。黃鍾宮最長，爲聲調之始，十二宮之主。宮音者，是五音之長，故與黃鍾之調宮聲相應。〔註26〕

此條經文，鄭玄以陰陽家候氣之說附和經文，實則有誤，賀瑒、崔靈恩雖宗《鄭注》，然於此並不用鄭說。〈月令〉十二月，十二律各有所主，黃鍾主於十一月，此是候氣本意，而鄭玄注「中央土……律中黃鍾之宮」時，誤以爲中央土配黃鍾之律，實則中央土寄王四季，其音應宮聲，十二律既以黃鍾爲長，則黃鍾配宮聲，是中央土「律中黃鍾之宮」的原因，賀氏、崔氏爲之疏通義理，實則補鄭氏之闕，有功於經義。

《論語》〈公冶長〉：子貢問曰：「賜也何如？」子曰：「女器也。」曰：「何器也？」曰：「瑚璉也。」

漢‧苞咸：瑚璉者，黍稷器也。夏曰瑚，殷曰璉，周曰簠簋，宗廟器之貴者也。

梁‧皇侃《論語義疏》：《禮記》云：「夏之四璉，殷之六瑚」，今云夏瑚殷璉，講者皆云：「是誤也」，故鑾肇曰：「未詳也。」〔註27〕

皇侃善於以禮解經，凡遇器物制度，則每引用禮經以爲旁證，何晏引苞咸之說爲注，然苞咸說法有誤，則皇氏引《禮記》以正其謬，是能疏通疑義，有功於經說。

《孝經‧庶人章》：「故自天子至於庶人，孝無終始，而患不及者，未之有也。」

南齊‧劉瓛《孝經劉氏說》：謝萬以爲「無終始，恆患不及未之有者，少賤之辭也。」禮不下庶人，若言我賤而患孝行不及者，未之有也。

〔註26〕《禮記注疏》，頁 321。
〔註27〕《論語集解義疏》，頁 141～142。

但憂不及之理，而失於歎少賤之辭也。〔註28〕

劉瓛此條，兼論謝萬之說，以爲謝萬言「少賤」有失，其說爲是。此章論孝行爲天下所共尊，上自天子，下至庶人，沒有不能行孝之人，並非指「不及」爲少賤，劉瓛闢之，有助於經義。

第二節　鄭王之爭之延續

鄭王之爭，自魏晉以降延續不絕，後世宗鄭學之人，則以爲王肅攻鄭，是爲反對而反對，僞造經說以自圓。王肅雖僞造經書以證己論，但其說並非一味反對鄭玄，於鄭玄義理、訓詁妥當之處，王肅則同樣遵從。王肅反鄭，在義理上可歸納爲反對讖緯象數與務於合乎親疏情理〔註29〕，王弼、杜預之徒受到王肅的影響而作〔註30〕，《僞孔傳》之作也受到王肅之說的影響〔註31〕，清人邵保初〈六朝經術流派論〉云：「《釋文》云：『江左中興，梅賾奏上《孔傳》，學徒遂盛。後范寧變爲今文集注，俗間或取〈舜典〉篇以續《孔傳》。』夫范寧固號爲能遵守鄭玄者，而古文《孔傳》，則王肅之徒僞撰以難鄭氏者，乃篤信不移，且爲之集注。是表章《孔傳》，偏自遵守鄭學者爲之倡始」〔註32〕。魏晉時期，由於戰亂頻仍，經籍亡佚甚多，導致後來僞書猖獗，眞假莫辨，《尚書》即爲一例，《僞孔傳》中摻雜王肅之說，後人或以爲是王肅僞造。概略而言，南學所本經注固爲王學之流亞。鄭王之爭在魏晉的發展以《詩經》解說最爲明顯，自王肅作《毛詩注》、《毛詩義駁》、《毛詩奏事》、《毛詩問難》以攻鄭玄之後，學者或擁王說，或護鄭學，彼此相攻，論難不絕，如魏‧王基著《毛詩駁》以難王肅，晉‧孫毓《毛詩異同評》以護王說，晉‧陳統復撰《難孫氏毛詩評》以難孫氏說，一往一復，甚爲激烈。到了南朝，這種情

〔註28〕《孝經注疏》，頁27。
〔註29〕此說本於簡博賢先生之論，見簡博賢《今存三國兩晉經學遺籍考》，（台北，三民書局，1986），頁327。
〔註30〕王肅說經反象數，單以義理釋經，王弼說經受其精神影響，詳見《今存三國兩晉經學遺籍考》〈王肅周易注〉章，頁181～199。杜預受王肅影響，詳見同書頁162～171。
〔註31〕《僞孔傳》出於何人，眾說紛紜，有以爲是王肅僞作，或以爲是鄭沖、皇甫謐所造，或說是東晉梅賾所獻，然其論祥禫之制，同於王肅之說，則其出不能早於王肅，並其學受王肅之影響，可說是王學之徒。
〔註32〕《皇清經解》卷1385〈六朝經術統派論〉，頁15097。

形有了變化，義疏底本或用王學，或本鄭學，並無一定標準，《北史》〈儒林傳〉序云：「江左，《周易》則王輔嗣，《尚書》則孔安國，《左傳》則杜元凱；河、洛，《左傳》則服子慎，《尚書》、《周易》則鄭康成。《詩》則並主於毛公，《禮》則同遵於鄭氏」，其實南朝《易》並用鄭王（弼），《詩》本《毛傳》、《鄭箋》，《尚書》兼採孔安國、鄭玄，《左傳》並行服、杜解，則所本經注呈現多樣化，不可一概論之，更不可以此區分鄭王之學。

　　另一方面，就北朝經學發展來看，鄭王之爭也不完全代表著南北之爭，北學也不見得全用鄭學，《北齊書》卷四十四〈儒林傳〉云：「河南清、齊之間，儒生多講王輔嗣所注周易，師訓蓋寡……河北諸儒能通春秋者，並服子慎所注，亦出徐生（徐遵明）之門。又有姚文安、秦道靜初亦學服氏，後更兼講杜元凱所注，其河外儒生俱伏膺杜氏」〔註33〕，《魏書》〈賈思同傳〉云：「思同之侍講也，國子博士遼西衛冀隆爲服氏之學，上書難《杜氏春秋》六十三事。思同復駁冀隆乖錯者十一條，互相是非，積成十卷。詔下國學集諸儒考之，事未竟而思同卒。卒後，魏郡姚文安、樂陵秦道靜復述思同意」〔註34〕，由此可知北朝本身同樣存在著鄭王之間的論爭，王弼《易》注同樣行於北朝，與鄭玄《注》爲不同派別；《左傳》杜、服之爭也在北朝發生著，因此《北史》〈儒林傳〉所論南北學派風尚，最多只能點出南北學者較崇尚的經注底本而已，以此來分隔南學北學的不同是不具意義的。

　　鄭王之爭發展到南朝，成爲經學發展與義疏內容的一大要項，其焦點不再是經說眞僞間的爭論，而是變成了尊尊與親親、合情理與不合情理間的論爭。由於南朝學者在義疏內容上採取開放的姿態，不專取一家之說，於是鄭王之說可以同時出現在一部義疏之中。鄭王之爭在南朝主要呈現在對《禮》的詮釋不同，鄭王之說在宗旨上有著根本上的差別，王肅治經務於說理平實，禮制之議準於親親原則，必依親疏遠近之關係解經。南朝重禮學，自天子至士族，莫不重視，鄭王異說之處，常爲統治者與學者討論著。以天子言，穩固統治的要點之一在於王權的象徵，其別上下同異之義不可不明，而禮制之設正可區分貴賤，實爲帝王統治之要素；又時處南北分裂，兩邊帝王於征戰之餘，必各自標榜正統，以示自身爲中華正統王權，《禮》學於制度之設正爲王者統治之重要參考，因而南朝帝王特別重視禮制之設定。以士族言，南朝

〔註33〕　《北齊書》，頁 584。
〔註34〕　《魏書》，頁 1616。

士族爲穩固自身家族勢力，必須以實際參與政權與區隔親疏關係爲自我保護手段，《儀禮》中《喪服》一篇特重親疏差異間所服輕重的差別，正符合士族實際需要，因此士族特重禮學，尤其是〈喪服〉的研究。然南朝學風既是呈現自由開放面貌，則諸家說法之差異必爲禮家爭訟焦點，鄭王禮學異同於是成爲南朝經學中受到重視的議題，這也呈現在義疏的內容之中，其餘諸經義疏雖偶有論及，但終究不如《禮》學來得明顯。關於鄭王《禮》學論爭，《晉書》〈禮志〉載摰虞之說，所論最爲精當，其文云：

> 三年之喪，鄭云二十七月，王云二十五月。改葬之服，鄭云服總三月，王　云葬訖而除。繼母出嫁，鄭云皆服，王云從乎寄育乃爲之服。無服之喪，鄭云生子一月哭之一日，王云以哭之日易服之月，如此者甚眾。喪服本文省略，必待注解，事義迺彰；其傳說差詳，世稱子夏所作。鄭王祖經宗傳，而各有所異，天下並疑，莫知所定。〔註35〕

由以上論述可知，鄭王之爭在南朝集中在禮制的爭論，其餘諸經則兼及而已，以下分別就南朝鄭王經說衝突之處個別陳述，以釐清鄭王之爭在南朝發展的狀況。

一、祥禫之制

「祥」指大祥，三年之喪滿週年爲小祥，再隔週年爲大祥，此點無疑。然「禫」指何者，則無一定說法，以鄭玄、王肅二者之說爲代表，鄭王之爭在這點上論爭不休，到了南朝仍是如此。祥禫之說，見於《儀禮》、《禮記》，鄭王各有異說，其文云：

> 《儀禮》〈士虞禮〉：中月而禫。
>
> 《鄭注》：中猶間也；禫，祭名也，與大祥間一月。自喪至此凡二十　七月。〔註36〕

是鄭玄以祥爲二十五月，禫爲二十七月，中間有一月之隔。王肅則不同於鄭玄，其說云：

> 《禮記》〈檀弓上〉：孟獻子禫，縣而不樂，比而不入。
>
> 王肅《禮記注》：二十五月大祥，其月爲禫，二十六月作樂；所以然

〔註35〕《晉書》〈禮志上〉，頁581～582。
〔註36〕《儀禮注疏》，頁513。

者，以下云：「祥而縞，是月禫，徙月樂。」又與上文魯人朝祥莫歌，孔子云踰月則善。是皆祥之後月作樂也。又〈間傳〉云：「三年之喪，二十五月畢。」又〈士虞禮〉：「中月而禫」，是祥月之中也，與《尚書》文王中身享國，謂身之中間同。又〈文公二年冬〉：「公子遂如齊納幣」，是僖公之喪，至此二十六月。左氏云：「納幣禮也。」〔註37〕

王肅又云：

若以二十七月禫，其歲末遭喪，則出入四年，〈喪服小記〉何以云「再期喪三年」？〔註38〕

鄭王論禫各有所據，歷來各家爭訟不休，宗鄭、宗王者各據經文以證說，南朝時期也同樣，時而宗鄭、時而宗王，並無一定，陳朝顧彪《尚書義疏》中論及祥禫之制，則此條固爲時人所重視之焦點，其文云：

《尚書》〈太甲〉：伊尹以冕服奉嗣王歸於亳。

陳・顧彪《尚書義疏》：祥禫之制，前儒不同，案〈士虞禮〉云：「朞而小祥，又朞而大祥，中月而禫。」王肅云：「祥月之內又禫，祭服彌寬，而變彌數也。」《禮記》〈檀弓〉云：「祥而縞，是月禫，徙月樂。」王肅云：「是祥月而禫，禫之明月可以樂矣。」案《孔傳》云：「二十六月服闋」，則與王肅同。鄭玄以中月爲間一月，云祥後復更有一月而禫，則三年之喪凡二十七月，與孔爲異。〔註39〕

南朝時期，朝廷議祥禫之制多有改變，如《宋書》、《隋書》載宋齊梁陳四朝之制：

《宋書》〈禮志二〉：宋武帝永初元年，黃門侍郎王準之議：「鄭玄喪制二十七月而終，學者多云得禮。晉初用王肅議，祥禫共月，遂以爲制。江左以來，唯晉朝施用；搢紳之士，猶多遵玄議。宜使朝野一體。」詔可。〔註40〕

《隋書》〈禮儀志三〉載：天嘉元年八月癸亥，尚書儀曹請今月晦皇太后服安吉君禫除儀注。沈洙議：「謂至親期斷，加降故再期，而再周之喪，斷二十五月。但重服不可頓除，故變之以纖縞，創巨不可

〔註37〕《禮記注疏》，頁119。
〔註38〕《禮記注疏》，頁119。
〔註39〕《尚書注疏》，頁117。
〔註40〕《新校本宋書》，頁392～393。

便愈，故稱之以祥禫。禫者，淡也，所以漸祛其情……所以宋元嘉
立義，心喪以二十五月爲限。大明中，王皇后父喪，又申明其制。
齊建元中，太子穆妃喪，亦同用此禮。唯王儉《古今集記》云，心
制終二十七月，又爲王逡所難。何佟之儀注用二十五月而除。案古
循今，宜以再周二十五月爲斷。今皇太后於安吉君心喪之期，宜除
於再周，無復心禫之禮。」詔可之。〔註41〕

宋武帝時，朝廷論祥禫之制，當時「搢紳之士，猶多遵玄議」，可知士族之間
論祥禫則尊用鄭玄之說，雖東晉時準王肅之說，然究竟不被普遍接受，即「江
左以來，唯晉朝施用」，因而改尊鄭玄之說。自文帝元嘉以降，論心喪祥禫之
制則本王肅之說，是王說見用於朝廷，宋孝武帝、齊高祖之世依準王說，唯
王儉準鄭玄之說。梁代何佟之、陳朝沈洙論心制準於王肅二十五月之說，則
大略而言，南朝議禮不必然宗主鄭玄，以此條而論，則禮家以王說爲善者居
多，是南朝間用王說之證，足見當時論禮以切當與否爲準，不必然依準一家
之說。學術宗尚，可從朝廷態度窺其一斑，既然南朝論禮宗主鄭玄，而時用
王肅，則可知當時學術風氣較爲開放，禮制依實際需求予以制訂，而不拘於
一家。

二、天子宗廟之論

《禮記》〈王制〉：天子七廟，三昭三穆，與太祖之廟而七。

鄭《注》：此周制。七者，太祖及文王、武王之祧，與親廟四；太祖
后稷。殷則六廟，契及湯，與二昭二穆。夏則五廟，無太祖，禹與
二昭二穆而已。〔註42〕

《禮記》〈祭法〉：祖文王而宗武王。

王肅《注》：天子七廟者，謂高祖之父及高祖之祖廟爲二祧，並以始
祖及親廟四爲七。〔註43〕

此論天子之廟，因有關統治者宗廟設立，所以爲帝王所重視。鄭玄、王肅相
同處在於始祖與親廟四之說，所異在二祧之說，鄭玄以爲二祧爲文王與武王

〔註41〕《新校本隋書》，頁 151～152。
〔註42〕《禮記注疏》，頁 241。
〔註43〕同上。

之祧，而王肅以爲二祧指高祖之父高祖之祖，即以五世祖與六世祖爲祧，依次排列昭穆。鄭玄之論專指文王武王，後世若祭祖者需以文王武王爲祧，則親廟實則爲五，若後世庶姓，血緣無關乎周朝，於義不能制王者之廟。鄭說爲一家制禮，則不能符合後世需求，王肅則以七世祖爲七廟，如此則異姓可行，於是南朝制廟，本王肅之說而定，如《南齊書》〈禮志上〉：

> 太祖爲齊王，依舊立五廟。即位，立七廟。廣陵府君、太中府君、淮陰府君、即丘府君、太常府君、宣皇帝、昭皇后爲七廟。建元二年，太祖親祀太廟六室，如儀，拜伏竟，次至昭后室前，儀注應倚立，上以爲疑，欲使廟僚行事，又欲以諸王代祝令於昭后室前執爵。以問彭城丞劉瓛。瓛對謂：「若都不至昭后坐前，竊以爲薄。廟僚即是代上執爵饋奠耳，祝令位卑，恐諸王無容代之。舊廟儀諸王得兼三公親事，謂此爲便。」從之。〔註44〕

《隋書》〈禮儀志二〉載：

> 梁武初爲梁公……即皇帝位……遂於東城時祭訖，遷神主於太廟。始自皇祖太中府君、皇祖淮陰府君、皇高祖濟陰府君、皇曾祖中從事史府君、皇祖特進府君，并皇考，以爲三昭三穆，凡六廟。追尊皇考爲文皇帝，皇妣爲德皇后，廟號太祖。皇祖特進以上，皆不追尊。擬祖遷於上，而太祖之廟不毀，與六親廟爲七，皆同一堂，共庭而別室。〔註45〕

齊高祖、梁武帝用王肅之議，而不採鄭玄之說，是基於實際需求考量，則知鄭王之爭在於理論合於統治者利益與合乎情理與否，而不在於死守意氣之爭。

三、繼母出嫁之服議

《儀禮》〈喪服〉中論及繼母改嫁之議，鄭王說不同，現存南朝殘文中，劉宋庾蔚之、崔凱本王肅之說批判鄭玄，柯金虎考證庾蔚之《禮記略解》佚文，歸納庾氏「大抵疏通《鄭注》，引據有徵」，然庾氏論禮時有引證諸家，如此條經文評析王說爲長，則知南朝禮家不必拘於一家之說，遇義理未安之處，則必有所指正，其文云：

> 《儀禮》〈喪服經傳〉：父卒，繼母嫁，從，爲之服，報。《傳》曰：

〔註44〕新校本南齊書》，頁130。
〔註45〕《新校本隋書》，頁130～131。

何以期也？貴終也。

《鄭注》：嘗爲母子，貴終其恩。

王肅《注》：從乎繼而寄育則爲服，不從則不服也。服則報，不服則不報。（通典）

宋‧雷次宗《略注喪服經傳》：凡言報者，繼母服，亦如此。

《通典》〈禮典‧爲父後爲嫁母及繼母嫁服議〉：庾蔚之謂：「王順經文，鄭附傳說，王即情易安，於傳亦無礙。繼嫁則與宗廟絕，爲父後者安可以廢祖祀而服之乎！」

宋‧崔凱《喪服難問》：父卒，繼母嫁，從，爲之服，報。鄭玄云：「嘗爲母子，貴終其恩也。」按王肅云：「若不隨則不服。」凱以爲出妻之子爲母，及父卒繼母嫁，從，爲之服，報，此皆庶子耳，爲父後者皆不服也。《傳》云：「與尊者同體，不敢服其私親。」此不獨爲出母言，爲繼母發。繼母嫁，己隨，則爲之服，則是私也。爲父後者不敢服也。

此條經文亦爲鄭王爭議之處，依鄭王二家之解，則知二家斷句有所不同。鄭玄以爲「嘗爲母子，貴終其恩」，則重子之爲母服，是基於名分立論，因而推知其斷原文爲「從爲之服，報」，曾有母子名份，所以子當爲母服期年之喪，而母於義亦當予以回報。王肅之說，則本親疏關係而論，其言若子於繼母改嫁後，隨繼母養育，則基於此養育之恩，將予以服喪，若不從繼母養育，則無服喪之義務，繼母亦無回報之理，其斷句當爲「從，爲之服，報」。雷次宗所言不涉鄭王之爭，乃是爲經傳申明義例，解釋「報」字義理。庾蔚之則本王肅之說立論，以爲王肅之說本乎情理，說法較爲允當，而鄭玄之說乃是依附《傳》文以曲說，其後申論鄭玄之失，認爲繼母改嫁，本是與父姓宗廟斷絕，依理當無服喪之可能，豈有繼承父脈者爲改嫁之母服喪之理？如此則鄭玄「貴終其恩」之論不可採。相對而言，庾氏以爲王說合乎情理，在於爲父後者本不應爲繼母改嫁者服喪，但若子幼時養育於繼母，則於情當報其養育之恩，因而有爲繼母服喪之理，此則兼顧情理。崔凱本王肅之說，進一步說明爲繼母改嫁者服喪，必不爲繼父系家統者，崔氏引用《傳》文云：「與尊者同體，不敢服其私親」，意即爲父後者需以父系爲尊，既是如此，則不可徇私而服其私親，能服私親者必爲父之庶子，以此辨鄭玄之非。按《儀禮》〈喪服

經傳〉云：「出妻之子爲父後者，則爲出母無服。傳曰：與尊者爲一體，不敢服其私親也」、「庶子爲父後者爲其母」，爲父後者本應無服於出母及繼母嫁者，但庶子則有爲其生母（庶母）服喪之例，此當爲崔氏所本，庾、崔氏皆以王肅之說爲合情理。

　　南朝時期，特重喪服制度，親疏略有差異，則所服不同，此爲士族所重視的環節，因而鄭王論喪服之不同自然爲禮家討論焦點，需制訂出最符合實際需求的喪服制度，以作爲士庶間區隔的重要參考。士族在當時具有相當的影響力，其一舉一動，常牽動著時代風尚，如玄學自魏晉以來便是以士族爲中心，而風靡天下，經學也不得不受其影響；又如其佞佛、崇尚文學，皆爲帶領時代潮流的指標，喪服制度亦然，因士族實際需要，必加以重視。如此則喪服研究，自魏晉以降迄於南朝，爲一代之顯學，誠有士族推波助瀾之因素。

第三節　經說之深化與創新

　　義疏之作，本在疏通經義，使經說大意更爲深刻明顯，南朝諸家於解釋經說時固然致力於闡明經義或注本之說，但有時則違背注本之說，並於前人之說無所取擇，所論之理常發前人所未發，這種情形，普遍存在於各經之中。南朝時期，累積前代注家之說已達到某種程度，注釋之時若專從一家，或只採取各家，則無異於前代經注、集注之體裁。義疏之所以爲義疏，必有不同於前代的特色，如前所論，批判注本之論是其一；另外於經說內容方面，則務求能有所突破。南朝由於各種新思潮的產生與興盛，如玄學、佛學的盛行，使同時期的人多沾染玄、佛觀念，經學家自然是其中之一，且當時人既風靡玄、佛，則解經者必須以類似的詞彙、概念以說經，才能使人更容易理解。義疏之作既然有以講經的紀錄爲書的，如皇侃《論語義疏》、周弘正《周易講疏》，則對眾人說經時，也必然會使用流行的概念、語彙來做說解，於是在義疏之中，時能見到玄學、佛學用語的情形。這種情形特別是分佈在梁代以後的義疏創作，因梁武帝佞佛談玄，使玄風佛理更爲風行，在此影響之下，義疏之作當然就有玄、佛等因素夾雜其中。

　　其次，玄學論辯之風影響到義疏的創作態度。玄學的影響，自魏晉至南朝，未有停歇，由於玄學論辯著重在取勝於對手，論者既要能熟悉前人所說，

又須發前人所未發，才可折服對手。在這種風氣的影響之下，論家較多偏向於論說新意的創造以及對前人之論作更深刻的闡發，這種風氣深刻的影響到義疏的創作態度。義疏之作，既有單純創作，也有講經的紀錄，但其內容則是以創新或深化義理爲基準，總的來說是喜好新意的，也因此所本的經注大異於北朝，所說的經論也多有特異之見，這是南朝經說勇於創新的原因之二。

第三，由於當時帝王，及權貴階層對禮學的實際需求，使舊有經說被拿來重新討論，以求合於時代的需求，如前所說的鄭王之爭，便是對經說的再次檢討。這在目的上是功利的，但這種風氣卻能帶動禮學義理的創新與深化，南朝時期有許多異於前代的需求，必須從禮學的詮釋之中得到行爲的依據，因此論家新義輩出，或深刻闡釋前人經說，或自創新解，使禮學的內容更爲豐富，達到前所未有的盛況。就連同時期的北朝，也不得不折服於南學論禮之精，這對經說的發展，本身就是一種動力。

以上論述南朝經說深化與創新的背景因素後，可知南朝經說的發展是呈現多元化的面貌，這些發展被保留在義疏的創作之中，以下就幾個面向來討論南朝經說深化與創新的情形，以窺當時經說面貌。

一、深化與創新

南朝經說多有異於前代之處，其中不乏深刻新穎之處，茲舉數例以證明，例如：

> 《周易》〈萃〉：「萃，亨，王假有廟。」
>
> 漢　鄭玄《注》：「假，至也。互有艮巽，巽爲木，艮爲闕，木在闕上，宮室之象也。四本震爻，震爲長子；五本坎爻，坎爲隱伏，居尊而隱伏，鬼神之象。長子入闕升堂，祭祖禰之禮也，故曰：『王假有廟』。」
>
> 魏　王弼《注》：「假，至也。王以聚至有廟也。」
>
> 吳　陸績：「王，五；廟，上也。王者聚百物以祭其先，諸侯助祭於廟中。假，大也，言五親奉上也。」〔註46〕
>
> 吳　虞翻：「《觀》上之四也。觀乾爲王；假，至也。艮爲廟，體觀享祀，故通。上之四，故假有廟，至孝享矣。」〔註47〕

〔註46〕《周易集解》，頁221。
〔註47〕《周易集解》，頁221。

　　陳　周弘正：「鬼神享德，不在食也。」〔註48〕

鄭玄、陸績、虞翻三者以象數解之，王弼則就字面意義說解，以爲「王假有廟」即王聚至於廟之意。其《象》云：「王假有廟，致孝享也」〔註49〕，則王至於廟是爲祭祀先祖，周弘正以此發揮義理，認爲「鬼神享德，不在食也」，凸顯祭祀之內涵。《左傳》〈僖公五年〉云：「公曰：『吾享祀豐潔，神必據我。』對曰：『臣聞之：『鬼神非人實親，惟德是依。』故《周書》曰：『皇天無親，惟德是輔。』又曰：『黍稷非馨，明德惟馨。』又曰：『民不易物，惟德繄物。』如是，則非德，民不和、神不享矣。神所馮依，將在德矣」，正說明祭祀之精義，周弘正之說與先賢遙相呼應，並以之發揮易經內涵，可謂發人之所未發，而能深化《周易》之義理內涵。

　　《周易上經・復》：「反復其道，七日來復。」

　　漢　京房：「《剝》、《復》相去三十日。」〔註50〕

　　　　　　「『七日來復』，六爻反復之稱。」〔註51〕

　　漢　鄭玄《注》：「建戌之月，以陽氣既盡。建亥之月，純用陰事。至建子之月，陽氣始生，隔此純陰一卦，卦主六日七分，舉其成數言之，而云七日來復。」〔註52〕

　　吳　陸績：「七日，陽之稱也。七九，稱陽數也。謂坤上六陰極陽戰之地，陰雖不能勝陽，不可輕犯；六陽涉六陰，反下七。爻在初，故稱七日，日亦陽也。」〔註53〕

　　吳　虞翻：「謂乾成坤，反出於震而來復。陽爲道，故復其道；剛爲畫日，消乾六爻，爲六日，剛來反初，故七日來復天行也。」〔註54〕

　　「虞翻本易軌謂爻主一日，剝卦陽氣盡於九月之終，十月末絕，坤用事。坤卦將盡，則復陽來，隔坤卦六爻爲六日，復來成震，一陽

〔註48〕　《黃氏逸書考》，頁380。
〔註49〕　參考自《魏晉南北朝易學書考佚》，黃慶萱先生以《孝經》做爲佐證，亦無不可；另舉《周易口訣義》中之評語突顯周弘正解釋之精，詳見頁641。
〔註50〕　《黃氏逸書考》，清 黃奭著，（京都，中文出版社，1986年初版），頁39。
〔註51〕　《易學三編─京氏易傳》，（台北，廣文書局，民83年8月初版），卷中頁2。
〔註52〕　《周易鄭注》，《湖海樓叢書》本，（台北，藝文印書館，民54年）
〔註53〕　《黃氏逸書考》，頁118。
〔註54〕　《黃氏逸書考》，頁161。

爻生爲七日。」〔註55〕

魏・王弼：「陽氣始剝盡，至來復時凡七日。」〔註56〕

梁・褚仲都、莊氏：「五月一陰生，至十一月一陽生，凡七月。而云七日不云七月者，欲見陽長須速，故變月言日。」〔註57〕

關於「七日來復」的詮釋，歷來多有爭議，就漢代到南朝爲止，基本上分爲兩種，一是直接就「七日」來作解釋，尋找「七日」的數據來源；另一種則是南朝學者之說，將「七日」解作「七月」，並爲之詮釋根據。這條經文在《周易正義》中備受重視，孔穎達認爲南朝經學家的說法「辭尙虛玄，義多浮誕」，即以此條作爲例證，《正義》云：

> 江南義疏，十有餘家，皆辭尙玄虛，義多浮誕……至若《復卦》云：「七日來復。」並解云：「七日當爲七月，謂陽氣從五月建午而消，至十一月建子始復，所歷七辰，故云七月。」今案：輔嗣注云：「陽氣始剝盡，至來復時，凡七日。」則是陽氣剝盡之後，凡經七日始復。但陽氣雖建午始消，至建戌之月，陽氣猶在，何得稱七月來復？故鄭康成引《易緯》之說，建戌之月，以陽氣既盡，建亥之月，純陰用事。至建子之月，陽氣始生，隔此純陰一卦，卦主六日七分，舉其成數言之。而云七日來復，仲尼之緯分明，輔嗣之注若此，康成之說，遺跡可尋。輔嗣注之在前，諸儒背之在後，考其義理，其可通乎？〔註58〕

又《正義》云：

> 案《易緯稽覽圖》云：「卦氣起《中孚》，故《離》、《坎》、《震》、《兌》各主其一方，其餘六十卦，卦有六爻，爻別主一日。凡主三百六十日餘有五日四分日之一者，每日分爲八十分，五日分爲四百分，四分日之一又爲二十分，是四百二十分，六十卦分之，六七四十二，卦別各得七分，是每卦得六日七分也。」《剝卦》陽氣之盡在九月之末，十月當純坤用事，《坤卦》有六日七分，《坤卦》之盡，則《復卦》陽來，是從剝盡至陽氣來復，隔《坤》之一卦六日七分，舉成

〔註55〕《黃氏逸書考》，頁 268。
〔註56〕《周易王韓注》，卷 3 頁 5。
〔註57〕《玉函山房輯佚書及補遺》，頁 260。
〔註58〕《周易正義》，頁 2。

數言之，故輔嗣言：「凡七日也。」〔註59〕

孔穎達認定「七日來復」的解釋以王弼之說為確，並認為後出的「七月」沒有傳承上的依據，王弼承鄭玄「六日七分」之說而論，而鄭玄之說本於《易緯》〈稽覽圖〉，抽出《離》、《坎》、《震》、《兌》以主四方，其餘六十卦分配一年三百六十五又四分之一日，則每卦得六又八十分之七日，簡稱六日七分，又取其整數為七日，此為鄭玄、王弼七日之說的來源。鄭玄本十二辟卦之說〔註60〕，以〈復〉卦主十一月，而十月乃〈坤〉卦用事，兩卦之中隔六日七分，則取其成數七日，以為經文「七日來復」之說，實則此說甚謬。六日七分的數據，既是本六十卦分割一年的原則，則各卦間排列須依次序，若此則〈坤〉卦之後，尚須經〈未濟〉、〈蹇〉、〈頤〉、〈中孚〉等卦才會到〈復〉卦，如此則相去約三十來日，豈只有六日七分？

鄭玄既本卦氣言六日七分，則需按各卦排列以論，不得說〈坤〉卦經六日七分之後而至於〈復〉卦，由是知鄭玄王弼之說不妥。而褚仲都、莊氏以「七月」解，則數字上較能符合經文，就十二辟卦言，五月〈姤〉卦一陰生於下，象徵陽氣漸消，陰氣漸長；十一月〈復〉卦一陽起於下，象徵陽氣回復，而〈姤〉、〈復〉相去七月，則「七日來復」象徵陰陽之氣消長狀態。然以「云七日不云七月者，欲見陽長須速，故變月言日」，則不知所據，唐人侯果以《詩經》〈豳風・七月〉之文證古代日、月之辭可以互換，其文云：「《豳詩》曰：『一之日觱發，二之日栗烈』，一之日，周之正月也；二之日，周之二月也，則古人呼月為日明矣」〔註61〕，則不足為據，因「一之日」是一月之日，非指一月，此則褚氏、莊氏臆說之詞。雖然變月言日之說稍有謬差，但就義理上來說，則勝於鄭玄、王弼，可備為一說。

《詩經》〈周南・關雎〉：風，風也，教也。風以動之，教以化之。

《釋文》：風，風也，並如字。

梁・沈重《毛詩義疏》：上風是國風，即詩之六義也，下風即是風伯

〔註59〕《周易正義》，頁65。

〔註60〕「十二辟卦」由來已久，最早見於《歸藏》易中，原文云：「子《復》、丑《臨》、寅《泰》、卯《大壯》、辰《夬》、巳《乾》、午《姤》、未《遯》、申《否》、酉《觀》、戌《剝》、亥《坤》」，見《玉函山房輯佚書及補遺》，頁39。這是用六十四卦中的以上十二卦配合地支，作為一年十二個月的代表，「子《復》」代表十一月，其餘以此類推，尚秉和先生之《周易尚氏學》論之甚詳。

〔註61〕《周易集解》，頁130。

鼓動之風。君上風教，能鼓動萬物，如風之偃草也。

　　晉・徐邈《毛詩音》：上如字，下服鳳反。

　　梁・沈重《毛詩義疏》：謂自下刺上，感動之名，變風也。〔註62〕

沈重此條疏釋〈詩序〉本文，以上風字爲名詞，下風字爲動詞，爲鼓動之意，以爲君主上行教化，風行草偃，此爲以上化下之意，二字並音風。其後兼解徐邈《毛詩音》，徐氏之意異於《毛傳》如字之說，下風字讀服鳳反，音諷，取以下刺上之意，沈重另本其音，以爲「風以動之」爲以下刺上之意，而「教以化之」方爲上以化下之意，此解呼應下文〈詩序〉：「上以風化下，下以風刺上，主文而譎諫，言之者無罪，聞之者足以戒，故曰風」，二解皆有理致，因而沈重兼論其義。此條經文陸德明並集各家解說，如：

　　宋・周續之《毛詩注》：夫風雅者體同，由我化物謂之風；物由我正
　　謂之雅。考之禮教，其歸不殊也。

　　南齊・劉瓛《毛詩序義疏》：動物曰風，託音曰諷。

　　梁・崔靈恩《毛詩集注》：用風感物，則謂之諷。〔註63〕

周續之解風雅，以「由我化物謂之風」，則取由上化下之意，劉瓛、崔靈恩採「諷」說，是本於徐邈音。劉瓛分風諷爲二，以爲取其動物，名之爲風；託之語言，則名爲諷。崔靈恩則以風諷爲一，即取「動物曰風」之義，兩者相去不遠，而稍有差別。

　　鄭序：禮者體也、履也。統之於心曰體，踐而行之曰履（《禮記・禮
　　器》云：「禮也者猶體也」，鄭玄依此論之。）

　　梁・賀瑒《禮記新義疏》：其體有二：一是物體，言萬物貴賤、高下、
　　小大、文質，各有其體。二曰禮體，言聖人制法，體此萬物，使高
　　下貴賤，各得其宜也。〔註64〕

賀瑒義疏本鄭玄之注而立論，分物體、禮體二者論之。其言禮體部分，「使高下貴賤，各得其宜」，乃是申論鄭玄「踐而行之曰履」之義，而物體部分，則論說禮體制訂源流，因萬物品類繁多，各有高下貴賤之異。賀氏論述禮體之源流，以爲禮體制定是因爲萬物品類高下紛雜，才需聖人制禮，以判定物類

〔註62〕《毛詩注疏》，頁 12～13。
〔註63〕同上。
〔註64〕《禮記注疏》，頁 7。

之位置，賀氏自衍其說，解讀經說源流，其義允當，有申釋經義之功。

《禮記》〈表記〉：詩云：「心乎愛矣，遐不謂矣，中心藏之，何日忘之。」

《鄭注》：瑕之言胡也。謂，猶告也。藏，善也。

王肅《注》：藏，善。

梁‧皇侃《禮記義疏》：人臣中心包藏君惡，不欲嚮人陳之。〔註65〕
鄭王說皆以「藏」爲善，其說當是以「藏」爲「臧」，訓爲「善」。皇侃則如字以說，認爲《詩經》此指人臣對君，其說不知所據。此文若就情詩譯，則爲思念情人之句，因心所愛之，爲何不向伊人傾訴？其意藏於心中，無日忘卻。皇氏以「藏」作解固然可行，但以此爲包藏君惡，則於理未必可。然文學詮釋，作者原意本不可知，於是後人異說並出，莫衷一是，皇氏此解，聊可備爲一說。

《儀禮》〈喪服經傳〉：君子子爲庶母之慈己者。傳曰：君子子者，貴人之子也。爲庶母何以小功也？以慈加己也。

《通典》〈禮典‧小功成人服五月〉載《石渠禮論》云：戴聖對曰：「君子子爲庶母慈己者，大夫之嫡妻之子，養於貴妾，大夫不服賤妾，慈己則緦服也。其不言大夫之子而稱君子子者，君子猶大夫也。」

漢‧鄭玄：君子子者，大夫及公子之適妻子。

宋‧雷次宗《略注喪服經傳》：大夫不服凡妾，父所不服，子亦不敢服，安得爲庶母緦哉？大夫雖緦姪娣，今所服者，將姪娣之庶母。

此條經文論及喪服之制，焦點在於「慈母」與「君子」的身份論議，雷次宗以爲大夫不凡妾服喪，則以「君子」爲「大夫」，同於戴聖之說。既大夫不服，則子亦不敢服，即《儀禮》經文所謂「不敢服其私親」之義。既不敢服其私親，則豈有爲庶母之養育自己者服喪？雷氏以爲必視大夫所能服之特例，子才能從服，而大夫若娶妻之妹爲妾，則此妾是「娣」，於經文則有服喪之例，所以能服者必因此條特例，否則於經無聞者不能服其私親。

關於此條經文，梁代曾有議論，《南史》〈儒林傳〉云：

七年，安成國太妃陳氏薨，江州刺史安成王秀、荊州刺史始興王憺，並以慈母表解職，詔不許，還攝本任……武帝由是敕禮官議皇子慈

〔註65〕《禮記注疏》，頁918。

母之服。筠議：「宋朝五服制，皇子服訓養母，依禮庶母慈己，宜從小功之制。案曾子問云：『子游曰：「喪慈母如母，禮歟？」孔子曰：「非禮也。古者男子外有傅，內有慈母，君命所使教子也，何服之有。」』鄭玄注云：『此指謂國君之子也。』若國君之子不服，則王者之子不服可知。又喪服經云：『君子子為庶母慈己者。』傳曰：『君子子者，貴人子也。』鄭玄引內則，三母止施於卿大夫。以此而推，則慈母之服，上不在五等之嗣，下不逮三士之息。儻其服者止卿大夫，尋諸侯之子尚無此服，況乃施之皇子？謂宜依禮刊除，以反前代之惑。」武帝以為不然，曰：「禮言慈母凡有三條：一則妾子之無母，使妾之無子者養之，命為母子，服以三年，喪服齊衰章所言『慈母如母』是也。二則嫡妻之子無母，使妾養之，慈撫隆至，雖均乎慈愛，但嫡妻之子，妾無為母之義，而恩深事重，故服以小功，喪服小功章所以不直言慈母，而云『庶母慈己』者，明異於三年之慈母也。其三則子非無母，正是擇賤者視之，義同師保，而不無慈愛，故亦有慈母之名。師保既無其服，則此慈母亦無服矣。內則云：『擇於諸母與可者，使為子師。其次為慈母，其次為保母。』此其明文。此言擇諸母，是擇人而為此三母，非謂擇取兄弟之母也。何以知之？若是兄弟之母其先有子者，則是長妾。長妾之禮，實有殊加，何容次妾生子，乃退成保母，斯不可也。又有多兄弟之人，於義或可；若始生之子，便應三母俱闕邪？由是推之，內則所言諸母，是謂三母，非兄弟之母明矣。子游所問，自是師保之慈母，非三年小功之慈母也。故夫子得有此對，豈非師保之慈母無服之證乎？鄭玄不辨三慈，混為訓釋，引彼無服，以注慈己，後人致謬，實此之由。經言『君子子』者，此雖起於大夫，明大夫猶爾，自斯以上，彌應不異。故傳云『君子子者，貴人之子也』。總言曰貴，無所不包。經傳互文，交相顯發，則知慈加之義，通乎大夫以上矣。宋代此科，不乖禮意，便加除削，良是所疑。」於是筠等請依制改定嫡妻之子，母沒為父妾所養，服之五月，貴賤並同，以為永制。〔註66〕

梁武帝與群臣論議庶母之慈己者究竟能否為之服喪，司馬筠引〈曾子問〉，孔子以此為無禮，而此條既然只適用於大夫，則上不能規範太子，下又不能為士庶

〔註66〕 《新校本南史》，頁1736～1738。

準則，於是奏請勘除。然武帝引用禮經，以爲經所說慈母有三，孔子以爲無禮者，非是養育之庶母，而是教育師保之慈母。進一步更批判鄭玄之注，以爲鄭玄解經不辨慈母有三，而混同爲一，加以註釋，如此則混淆義理，「後人致謬，實此之由」，此則辨「慈母」之義。其次論君子，則武帝自發新意，以爲君子雖指稱大夫，但《傳》文云：「君子子者，貴人之子也」，是《傳》文總以貴人釋「君子子」，於是武帝以爲既是言貴，則貴人上及天子諸侯，因此上自天子，下至大夫，皆應爲庶母之慈己者服喪。此是武帝自創新說，而旋定爲永制，可知當時遇到禮制有疑惑時，往往被眾人討論著，而帝王因自身需求或理解作詮釋，並將之定爲常法，顯見南朝禮制勇於創新，爲求適應時代而改的精神。

《左傳》〈僖公三十年〉：若不闕秦，將焉取之。

陳‧沈文阿《春秋左氏經傳義略》：不闕秦家，更何處取之，言有心取秦，先謀取鄭。〔註67〕

此條傳文杜預無注，沈氏爲之疏釋，說明燭之武此論之意。《傳》文云：「且君常爲晉君賜矣，許君焦、瑕，朝濟而夕設版焉，君之所知也。夫晉何厭之有，既東封鄭，又欲肆其西封，若不闕秦，將焉取之」，燭之武挑撥二國舊怨，指出晉君（惠公）嘗無信於秦君，因而不可合謀，若秦君與之同攻鄭國，則鄭亡之後必爲晉國領土（晉居秦鄭之間），晉國之盛等於秦國變弱，以晉之貪得無厭，不守信約（朝濟而夕設版焉），其後必不利於秦，謀取鄭國，沈氏疏通傳文，以爲晉國將不利於秦，可由先謀取鄭國一事而知，此爲晉君貪得無厭之態，其說平實合理，有疏通《傳》文之功。

《左傳》〈成公二年〉：九月，衛穆公卒，晉三子自役弔焉，哭於大門之外。

杜預《注》：師還過衛，故因弔之，未復命，故不能成禮。

陳‧沈文阿《春秋左氏經傳義略》：〈雜記〉：「弔者即位於門西，東面；主孤西面，相者受命曰：孤某使請事。客曰：寡君使某，如何不淑。相者入告，出曰：孤某須矣。弔者入，主人升堂，西面，弔者升自西階，東面，致命。」此奉君命行弔之禮。今三子行經衛竟，不敢成禮，故坐於大門之外。〔註68〕

〔註67〕《左傳注疏》，頁285。
〔註68〕《左傳注疏》，頁428。

此論三子因何不敢依禮行弔唁之事，由於三子外出征戰，未回國覆命，然弔唁需奉君之命，因而不敢代君命以行弔唁之禮，杜預已論其實。沈文阿則引《禮記》〈雜記〉以爲證，經文論說君王使臣行弔之禮，以補充其源流，行弔之禮有其固定次序禮儀，此禮通行於當時各國。三子既未回國覆命，又途遇衛穆公之喪，自然不能置之不顧，所以有哭於大門之外的權宜方式，沈氏引經說以爲旁證，補足杜注爲說之處，義理甚明，有疏通經注之功，《正義》取以爲說。

　　《孝經》〈諫諍章〉：昔者天子有爭臣七人。

　　梁・皇侃《孝經義疏》：夫子述孝經之時，當周亂衰之代，無此諫諍之臣，故言昔者也。不言先王而言天子者，諸稱先王皆指聖德之主，此言無道，所以不稱先王也。〔註69〕

《禮記》〈曲禮下〉云：「君天下曰天子」，《鄭注》云：「今漢於蠻夷稱天子，於王侯稱皇帝」，是天子、皇帝爲爵位之稱，無關乎道德，稱先王者是天子之有德者，其稱高於天子。經文引孔子之說，其言簡奧，凡用「昔」、「先王」之詞，則仲尼必有深意，如《春秋》微言大義，一字寓以褒貶。皇氏此段解經，並如學者解《春秋》，爲之疏通發明，說理平實妥切，甚得經說之微旨，有發明義例之功。

　　《禮記・中庸》：天命之爲性。

　　鄭玄《注》：天命，謂天所命生人者也，是謂性命。木神則仁，金神則義，火神則禮，水神則信，土神則知，則知《孝經》說曰：「性者生之質，命，人所稟受度也。」

　　賀瑒《禮記新義疏》：性之與情，猶波之與水；靜時是水，動則是波；靜時是性，動則是情。按《左傳》云：「天有六氣，降而生五行」，至於含生之類，皆感五行生矣。唯人獨稟秀氣，故《禮運》云：「人者，五行之秀氣」，被色而生，既有五常：仁義禮智信，因五常而有六情，因五常而生六情，則性之與情，似金與鑲印，鑲印之用非金，亦因金而有鑲印；情之所用非性，亦因性而有情，則性者靜、情者動。故《樂記》云：「人生而靜，天之性也，感於物而動，性之欲也」。故《詩序》云：「情動於中」是也。但感五行，在人爲五常，得其清

〔註69〕《孝經注疏》，（台北，藝文印書館，1997），頁48。

氣備者，則爲聖人；得其濁氣簡者，則爲愚人，降聖以下，愚人以上，所稟或多或少，不可言一，故分爲九等。孔子云：「唯上智與下愚不移」，二者之外，逐物移矣。故《論語》云：「性相近，習相遠也」，亦據中人七等也。〔註70〕

賀瑒疏解此條經文，不本《鄭注》，而是採用佛教思辨方法以解經。梁武帝侫佛，以致捨身三次，賀瑒處於當時，自然受到佛教盛行的影響，此處論「天命之謂性」，而佛教同樣精於論性，於是賀瑒便就「性」字發揮，先論性情之分，以爲性靜情動，此則融合玄佛之論。其後論「天命」，引用氣化概念，以爲人受五行之氣以生，得清氣者爲聖賢，得濁氣者爲愚人，其餘「中人七等」，則清濁之氣或多或少。此則結合東漢以來王充論氣，以及劉邵《人物志》論人之說，可見南朝時期重在融通義理，而玄佛之論時有採用，以爲講論之資，如此則導致學說間思想融合，但有時卻也偏離經旨。

　　《論語》〈公冶長〉：宰予晝寢。

　　晉・范寧：夫宰予者，升堂四科之流也，豈不免乎晝寢之咎，以貽糞杇之譏乎？時無師徒共明勸誘之教，故託夫弊跡，以爲發起也。〔註71〕

　　宋・釋慧琳：宰予見時後學之徒，將有懈廢之心生；故假晝寢，以發夫子切磋之教。所謂互爲影響者也。

　　梁武帝：晝當作畫字，言其繪畫寢室，故夫子歎朽木之不可彫，糞土之牆不可圬。〔註72〕

釋慧琳解此條本於范寧之說，以爲宰予晝寢之事，非眞爲其過，而是懼後學有所懈廢，因而假此舉以誘發切磋，使人之好學。范寧此說已屬新解，而慧琳承其說，更論「所謂互爲影響者」，則有類於佛經講經之緣起分，或有受到佛經經說形式的影響。梁武帝解「晝」爲「畫」字，其理是本舊有孔子責難宰予之意，但武帝以爲晝寢尚不至於得糞土之譏，能使夫子震怒如此者必別有原因。武帝改字爲「畫」，以爲宰予當是繪畫其寢室，如臧文仲有「山節藻梲」之譏，武帝串連二者，於是改字爲說。凡經說改字，則必有訓詁上之理據，武帝憑一己之揣測，雖於理可觀，然不免流於臆說，而非醇儒之言。

〔註70〕《禮記注疏》，頁879。
〔註71〕《論語集解義疏》，頁153～154。
〔註72〕《論語集解義疏》，頁152～154。

二、創新的流弊

　　南朝由於受到玄學辯論風氣的影響，論說之時務於異乎前人，南朝義疏勇於創新，固然替經說注入了許多新的泉源，但是說解之時若言無所據，則流於臆說，對經學本身反而是一種阻礙，以下分別舉例，論說義疏創新的流弊。

　　《禮記》〈檀弓上〉：防墓崩。

　　宋・庾蔚之《禮記略解》：防衛墓崩。〔註73〕

「防」所指爲地名，此見於經文，〈檀弓〉云：「孔子既得合葬於防」是防爲防地之明證。庾氏以「防」爲「防衛」實不知所據，經文既有明證，豈有不對照前後經文之理。

　　《禮記》〈王制〉：將徙於諸侯，三月不從政，自諸侯來徙家，期不從政。

　　宋・庾蔚之《禮記略解》：據仕者從大夫家出仕諸侯，從諸侯退仕大夫。

　　《正義》云：「此謂大夫采地之民，徙於諸侯爲民，以其新徙，當須復除，但諸侯地寬役少，爲人所欲，故惟三月不從政。自諸侯來徙於家者，謂諸侯之民來徙於大夫之邑，以大夫役多地狹，欲令人貪之，故期不從政按〈旅師〉云：『新甿之治，皆聽之，使無征役』，《鄭注》引此文以證之，是據民之遷徙。王肅及庾氏等以爲據仕者從大夫家出仕諸侯，從諸侯家退仕大夫，非鄭義也。」〔註74〕

庾蔚之從王肅之說，以爲此段經文所指乃仕者出仕，而鄭玄注《周禮》〈旅師〉，引用〈王制〉此文以證，則鄭玄以遷徙者是指人民，使新來之民暫無征伐勞役之事，柯金虎引杭士駿云：「且既云從政，則力役之事也。民有力役，仕無力役也，益以知王肅及庾氏之說不可信」〔註75〕，從仕之人既無力役之事，則庾蔚之從王肅之說並爲謬誤。

　　《禮記》〈禮器〉：禮也者，合於天時，設於地才，順於鬼神，合於人心，理萬物者也。是故天時有生也，地理有利也，人官有能也，

〔註73〕《禮記注疏》，頁112。
〔註74〕《禮記注疏》，頁266。
〔註75〕見柯金虎，《魏晉南北朝禮學書考佚》，頁394～395。

物曲有利也……

　　梁‧皇侃《禮記義疏》：有聖人制禮得宜，故致天時有生，地理有宜
　　之等。〔註76〕

此說不合於經義，經說以禮制之定乃是順於天地鬼神，並合於人心，豈可說
因聖人制禮，而使天時有生，生長是自然之事，不因制禮而有別。聖人可考
察天之時、地之利而予以節度利用，皇氏誇大聖人，則有謬於經旨。

　　《左傳》〈成公十有六年〉：奸時以動。

　　杜預《注》：禮不順時，周四月，今三月，妨農業。

　　陳‧沈文阿《春秋左氏經傳義略》：晉亦奸時，所以無天殃者，以鄭
　　既有罪，晉人討之，楚黨有罪之鄭，故獨謂之奸時。〔註77〕

沈文阿解釋此條經文，於理不通。魯成公十六年，鄭國背叛晉國，與楚國結
盟，晉厲公發兵攻鄭，楚共王救援鄭國，於是晉楚發生戰爭。「奸時以動」是
申叔告訴子反之言，以爲楚國不在正當時期勞役人民，是爲「奸時」，而沈說
以爲晉楚之戰並爲奸時。然晉楚之奸時與否，與受天殃與否並無關係，兩軍
戰至膠著，是因共王受傷與子反醉酒，晉國才得以僥倖勝利，並非所謂奸時
與否，杜預單就「奸時」一詞以說，較爲平實合理，而不流於臆說。〔註78〕

三、義疏經說之檢討

　　南朝義疏內容，約略舉證如上，則經說的深化與創新爲義疏重要發展之
一，然其優劣固不可以一語概括。就優點而言，義疏之作能夠在文化激盪之
下，勇於創新，使經說呈現出不同於同時期北朝的面貌，是其進步之處。北
朝經說，大致從徐遵明門下開枝散葉，其所呈現的是近於漢學的家法之學，
學者所習，以鄭玄之說爲宗，經學發展圍繞著舊有漢學進行發展，在經說的
廣度上並不能有所突破。南朝能自創新說，各家經注能同時容納於國學，學
者能夠自由採說，使經說呈現更多元化的面貌，他山之石，可以攻錯，則廣
泛參考各家之說，並能自發新意，是南朝義疏之作甚爲進步之處。但就缺點
來說，由於新說輩出，是受玄學論難的風氣影響而產生，於是義疏作者在參

〔註76〕《禮記注疏》，頁450。
〔註77〕《禮記注疏》，頁473。
〔註78〕見沈秋雄《三國兩晉南北朝春秋左傳學佚書考》，頁711。

考前人說法之餘，創說屢見，但卻常有論說不當之處，或錯解經義，或論說無據，流風所及，固爲經學之大蠹。經說的創新，必須基於前人之說而加以超越，不能憑空想像，南朝學者常有此患，客觀而言，這對經說內容的詮釋是一大障礙，然當時好新尙異的風氣既難以糾正，則學者也務於創說，這是整個時代所積累的習氣，用於經學之中則必見譏於後人，如《五經正義》批判南朝學者，大體而言是切中其弊的。

小　結

　　南朝儒經義疏，在內容尙可歸納出幾大現象，一是呈現了章句訓詁之學與義理之學間轉關的現象，二是好尙新穎，試驗性質極強的經說，三是一適應時代改變的經說，以下分項論述。

一、章句訓詁與義理之學之轉關

　　轉關之義，首先呈現在義疏作者對經說義理的重視。義疏體例著重分析詞句及篇章結構，較漢代章句之學更爲精密，然其申說義理卻有別於漢代舊說，由上文例證，可知南朝義疏在疏解一家之說外，也同時採取各家之說，以致體例上雖本一家之說，但內容上卻時而與經注相左。這種解經方式爲後來《五經正義》所駁斥。然而，雖《五經正義》以「疏不破注」爲原則，駁斥南朝義疏取說無定，但本身在解釋經說時也受到南朝學風的影響，於各家說有所長之處，則不能固守鄭說，如《禮記》皇侃駁鄭玄「君子子」爲大夫而非兼指士，則《正義》從其言，不主鄭說。就這方面而言，《正義》固然有破注的情形，疏通經義本不能爲謬論曲說，遇鄭玄之誤，則宜加以糾正，才能有補充經說之功。以此觀之，《正義》疏解經說固然能依從各家之說，以補充鄭玄之失，這是詮釋經說的進步之處，「疏不破注」也是概略上的敘述，並不能完全依照鄭玄之說而作解。既是如此，則南朝經說疏而破注，未必是全然無價值，在積極的方面，反而能夠對經說有更深入的探討，這是值得注意的。

　　其次，章句義理轉關，呈現在南朝義疏能夠兼北學之長。所謂北學之長，概略而言，在於能篤守經注，並疏通經注義理，由於南北朝皆重視禮學，禮學之研究在此時取得長足的進步，雖然南朝好新尙異，但禮學究竟是樸學之流，所重在典章制度之闡釋，若論說無據，則帝王統治象徵必受到動搖。南北朝百

餘年戰役不斷，但於長期征戰之外，尚有相互較勁之處，即相互標榜自己政權爲正統。然正統必有象徵，前朝衣冠文物、典章制度正爲中華民族文化的表徵，禮學既專主於此，因而統治者無不予以高度重視。《北史》〈杜弼傳〉載高歡之語云：「江東復有一吳老翁蕭衍，專事衣冠禮樂，中原士大夫望之，以爲正朔所在」〔註79〕，可見當時南北除了戰爭之外，「正朔」的象徵更爲統治者所重視，所以重視禮學，一部份目的在於博取正統性的認定，不能深究禮義，則對統治政權有實際的害處；其二則制度清晰，使階級有明確的限定，有助於統治者統治轄內。基於此，則南朝禮學之中少有玄佛等流行思想進入其中，論說必求義理制度之闡發，如此則精義輩出，並多能篤守注本之說而加以發揮，即深刻發揮《鄭注》思想，如雷次宗、何胤、賀瑒、皇侃之流，因而南朝禮學見重於當時，即如高歡畏懼蕭衍專事禮學；也同樣爲後世所重視，如《五經正義》以皇侃《禮記義疏》爲本，並多採用南朝禮學諸家。

由此可知，南朝學者在詮釋禮學之時，對於名物制度的訓詁也是不遺餘力的，這在學術上承接了漢儒訓詁之學，而義疏體裁的產生也可算是章句之學的延續及轉換，就這點來說，南朝經說一定程度上是繼承漢朝經說的精神。然而，內容上的創新轉變，則下開義理之學的先聲，對各種思想的採用，並融入經說之中，使經說能以更多角度切入，這對文化的發展來說，無疑是一種刺激及進步。

二、試驗性強的經說

南朝好新穎之說，如前所論，是受玄學論辯及玄佛等流行思潮所影響。玄學論難風氣影響了義疏解說態度，因論難重在取勝對手，則論說崇尚發前人所未發。南朝義疏的成書有從講論之中集結而成的，如皇侃《論語義疏》、梁武帝《孝經義疏》等爲典型，在講論之時必有問者論難，爲求勝說，則義疏中常可見論說無據之處。又義疏之作若能自出新意，則爲時人所稱道，此則玄學論辯流風所及，固爲時代風尚所影響。又當時玄、佛的興盛，使經說加入了前人未有的因子，體裁上因佛教的刺激而有了義疏體的產生，理論上則使儒經加入了玄佛的思想。若能本經旨加以發揮固然可喜，但就南朝創新的經說來看，則疏家常常偏離經說要旨，使經之大意被新說所掩蓋，這對經

〔註79〕見《北史》卷55〈杜弼傳〉，頁1987。

學的詮釋並非是一種進步。後人每每駁斥南朝經說崇尚虛誕，宗老崇釋，曲解了經說原意，這算是一種正確的指謫。然而，時處南北分裂，經說自然不能統一，又加上當時新思潮的帶入，以及帝王對新思潮提倡的熱烈，使得學者常常有嘗試性的經說出現。這固然是爲了自創新說，有時也是阿附時尚，南朝崇尚玄佛既然是一種普遍現象，用以解經則較能爲時人所接受理解，可見新觀念的運用常常有其實用性的目的。

三、適應時代的改變

　　由以上對南朝經說的評析，大略可得到一個結論，即南朝義疏內容是因應時代的改變而作。就禮制來說，鄭王之爭在南朝的意義變成了合理實用與否的論爭，帝王論禮的態度同樣是不專主一家，於義理可通之處則採用，並無所謂鄭王之間的成見，但在主流上，還是以鄭玄爲主。就士族需求而言，論說禮制也是以符合實際需求爲依歸，如劉宋時以二十七月爲禫，此從鄭說；論喪服之制，學者從王肅之說，親親之說立論，這更能符合士族鞏固勢力的需求。這種追求實用合理的基調，也廣泛存在於各經之中，這也造成南朝義疏內容多變的樣貌，而與同時期的北朝有極大的不同。

　　南朝經說，無法用一句或一段論述來概括其優劣，正因其有超越前代的進步之處，也有爲人所詬病的缺點，但往往優缺點是同時並存，或可說是一體兩面的。考察南朝義疏時，不應單從一個角度切入，當以更多面向進行觀察，檢視經說呈現如此面貌，與南朝時代發展之關係，如此才能客觀評論義疏的內容。

第四章　南北經學交流與南朝義疏
發展之探究

前　言

　　南朝時期，延續東晉以來與北方的對立狀態，中國此時陷入常期分裂的態勢，由於雙方皆有一統寰宇之志，因而百餘年來大小戰爭不斷。然而，在戰爭之餘，南北間的交流並未嘗間斷，以官方為主的使節交聘，以民間為主的貨品流通與學術交流，看似對立的南北朝，實則常有政治、經濟、學術上的往來，南朝義疏於此時，也同樣受到影響。義疏之作並存於南北朝，是當時經學發展的代表，而南北朝義疏之作有著不同的面貌，大體上南朝主融通，北朝重師法，但兩者之間時有往來，並在梁朝蕭衍（502～549）之世達到顛峰，促進了經學之間交流，使得原本各具特色的義疏之學進一步得到融合，這也讓雙邊的經學產生了質變，轉為更豐富的內容。以下就此點進行論述，以期能揭示出南北交流對南朝義疏的影響。

第一節　南北經學交流概況

　　南北朝時，南北政權雖呈現強烈對立態勢，但百餘年來雙方卻不曾中斷往來。當時淮泗之間為南北交界，又是軍事要衝，如宋文帝元嘉二十七年，北魏太武帝（424～452）舉兵大進淮南，因此雙方每設以禁制。但於禁制之外，也偶有往來，如《北史·蘇瓊傳》載：「舊制，以淮禁，不聽商販輒度。

淮南歲儉，啓聽淮北取糴。後淮北人飢，復請通糴淮南，遂得商估往還，彼此兼濟，水陸之利，通於河北」〔註1〕，可見南北雖處於對立，但卻也時有互通有無之時。

　　以民間爲主的交流，重在經濟上的往來；以官方爲主的交流，則是較爲多元的交流，據汪惠敏先生統計，南北朝時期官方選派之交聘使者有四十一位〔註2〕，又據清人朱銘盤所記，南朝時期南北交聘之事，劉宋時有八次〔註3〕，齊時有二十八次〔註4〕，梁時有二十二次〔註5〕，陳時有三十二次〔註6〕，由於四朝國祚均短，足見當時南北交聘之事實爲頻繁。南北交聘，一方面是爲平衡局勢，另一方面則是炫耀人才，雙方多以文學特出之士爲使，因當時文學興盛，以文才相較爲雙邊共同風尚。在文才競爭之外，經學的切磋更是重要，由於南北各立政統，雙方皆以自身爲正朔所在，北朝佔漢晉舊都，但南朝爲傳統漢族，對彼此均以「虜」、「寇」相譏，中國政權自古重視權力取得的正統性，胡人統治漢地，既於種族上有先天的劣勢，因而必須從傳統衣冠文物的繼承中取得多數認同，這在南北朝時期發展到了高峰，其中以北魏孝文帝爲代表。北人重視正統政權的繼承，表現在對經學的重視上，這可以由南北交聘的部分內容之中看出端倪，雙方時有經學上的競賽，以申明自己才是正統政權的繼承，這對南朝義疏的發展有著正面的影響，以下分別就各朝的交流內容，來檢視南朝經學發展的軌跡。

一、劉宋時期與北朝之交流

　　劉宋時期，延續東晉分裂局勢，南北時有征戰之事，但仍有經學交流的情形，如《南史隱逸傳》載吳苞：「儒學，善老莊。宋泰始中過江，聚徒教學。冠黃葛巾，竹塵尾，蔬食二十餘年。與劉瓛俱於褚彥回宅講授。瓛講禮，苞

〔註1〕 〔唐〕李延壽：《新校本北史並附編三種》(台北：鼎文出版社，1983年)，頁2879。

〔註2〕 汪惠敏：《南北朝經學初探》(輔仁大學中文研究所碩士論文)，頁61～62。

〔註3〕 〔清〕朱銘盤：《南朝宋會要》(台北：弘文出版社，1986年)，頁156～157。

〔註4〕 〔清〕朱銘盤：《南朝齊會要》(江蘇：上海古籍出版社，1984年)，頁112～116。

〔註5〕 〔清〕朱銘盤：《南朝梁會要》(江蘇：上海古籍出版社，1984年)，頁113～115。

〔註6〕 〔清〕朱銘盤：《南朝陳會要》(江蘇：上海古籍出版社，1984年)，頁69～71。

講論語、孝經，諸生朝聽瓛，晚聽苞也。」〔註7〕宋時官方經學並不盛行，有賴私人講學以延續慧命，如雷次宗、周續之、劉瓛之流，而北人吳苞於泰始中過江，講論經學，對南朝經學有一定之貢獻。史載吳苞「儒學，善老莊」，則北人經學家未必專求漢家師法，於玄學也同樣有所涉獵，可惜著作不傳，無以見當時北人經學發展面貌。

其次，《宋書・何尚之傳》載：「文帝元嘉十三年，以何尚之爲丹陽尹，立宅南郭外，置玄學，聚生徒。東海徐秀、盧江何曇、黃回、穎川荀子華、太原孫宗昌、王延秀、魯郡孔惠宣，並慕道來遊，謂之南學」〔註8〕。南朝時期，「南學」乃爲「北學」相對之詞，不過由此段引文可知「南學」實指「玄學」。宋文帝（424～452）於元嘉十三年置玄學，北人慕道來游，這是南學北往的首次紀錄。吳苞於明帝（465～472）泰始中過江，或許是受到慕道南來的北人所影響，而能「善老莊」等玄言。又《北齊書・儒林傳》云：「河南青齊之間，儒生多講王輔嗣所注周易，師訓蓋寡」〔註9〕，北齊等同南朝梁、陳之世，其時青、齊之地儒生多講王弼《周易》注，而《宋書》〈何尚之傳〉指出宋文帝立玄學之時，「東海徐秀、盧江何曇、黃回、穎川荀子華、太原孫宗昌、王延秀、魯郡孔惠宣，並慕道來遊」，東海、魯郡近古之青齊〔註10〕，宋時北人既學玄學，則王弼《周易》注當傳於北方，至北齊時還具有影響力，「師訓蓋寡」正爲南朝經學特徵之一，較不重師法，而重視創新，此則南學北往例證之一。

宋時南北經學交流，《左傳》亦爲重要一項，《魏書・儒林傳》載：「玄《易》、《書》、《禮》、《論語》、《孝經》、虔《左氏春秋》、休《公羊傳》，大行於河北。王肅《易》亦間行焉。晉世杜預《左氏》，預玄孫坦，坦弟冀於劉義隆世並爲青州刺史，傳其家業，故齊地多習之。」〔註11〕，北魏時期多尊鄭玄之學，《左傳》亦傳服氏之學，而杜冀於劉宋時任青州刺史，《宋書》有本傳，傳家學杜氏《左傳》於北，於是齊地多習《左傳》杜注，而北朝自此兼有服、杜之學，此爲南學北往例證之二。

〔註7〕　〔唐〕李延壽：《新校本南史》(台北：鼎文出版社，1983年)，頁1888。

〔註8〕　〔梁〕沈約：《新校本宋書》(台北：鼎文出版社，1975年)，頁1734。

〔註9〕　〔唐〕李百藥：《新校本北齊書附索引》(台北：鼎文出版社，1983年)，頁584。

〔註10〕據臧勵龢等所編《中國古今地名大辭典》，北齊時齊州屬今山東歷城，青州屬今山東廣饒，宋時東海郡今屬江蘇漣水縣北，宋時魯郡今屬江蘇省境內。徐秀等人俱爲北人，因而呼玄學爲「南學」。

〔註11〕〔北齊〕魏收：《新校本魏書附西魏書》(台北：鼎文出版社，1983年)，頁1843。

二、蕭齊時期與北朝之交流

蕭齊時南北交聘之事頗多，且多集中在齊武帝蕭賾（482～493）之世，其中不乏經學交鋒之事，如《南齊書・魏虜傳》云：「永明元年冬，遣驍騎將軍劉纘、前軍將軍張謨使虜。明年冬，虜使李道固（李彪）報聘，世祖於玄武湖水步軍講武，登龍舟引見之。自此歲使往來，疆場無事。」〔註12〕李彪報聘之事，《魏書》卷六十二〈李彪傳〉曾詳載其事云：

> 其年，加員外散騎常侍，使於蕭賾。賾遣其主客郎劉繪接對，并設讌樂。彪辭樂。及坐，彪曰：「齊主既賜讌樂，以勞行人，向辭樂者，卿或未相體。自喪禮廢替，於茲以久，我皇孝性自天，追慕罔極，故有今者喪除之議。去三月晦，朝臣始除衰裳，猶以素服從事。裴、謝在此，固應具此，我今辭樂，想卿無怪。」繪答言：「辭樂之事，向以不異。請問魏朝喪禮，竟何所依？」彪曰：「高宗三年，孝文踰月，今聖上追鞠育之深恩，感慈訓之厚德，執於殷漢之間，可謂得禮之變。」繪復問：「若欲遵古，何爲不終三年？」彪曰：「萬機不可久曠，故割至慕，俯從群議。服變不異三年，而限同一期，可謂亡禮之禮。」繪言：「汰哉叔氏！專以禮許人。」彪曰：「聖朝自爲曠代之制，何關許人？」繪言：「百官總己聽於冢宰，萬機何慮於曠？」彪曰：「我聞載籍：五帝之臣，臣不若君，故君親攬其事；三王君臣智等，故共理機務；五霸臣過於君，故事決於下。我朝官司皆五帝之臣，主上親攬，蓋遠軌軒唐。」〔註13〕

自蕭賾遣使聘魏，北魏亦遣使報聘以來，南北朝得到了短暫的和平，但於雙方平衡之時，不免各自宣揚國威，並藉由各種手段標榜正朔，如李彪報聘之事即爲此例。當時蕭賾即位不久，尚居父喪，李彪至齊朝，蕭賾便設宴款待，李彪以此有違喪禮制度，因而與朝臣展開論爭。《禮記・檀弓下》載：「子張問曰：《書》云：『高宗三年不言，言乃讙』，有諸？子曰：胡爲其不然。古者天子崩，王世子聽於冢宰三年」〔註14〕，王世子爲天子守喪時，不親理政，朝政由冢宰代理，經典之言，爲後世所尊崇，而北魏孝文帝（471～499）、齊武帝二人均不及此，李彪譏諷蕭賾，自非據理而言，乃是憑言語機巧以稱勝，

〔註12〕〔梁〕蕭子顯：《新校本南齊書附索引》(台北：鼎文出版社，1983年)，頁989。
〔註13〕同註12，頁1389～1390。
〔註14〕〔唐〕孔穎達：《尚書正義》(台北：藝文出版社，1997年)，頁240。

雙方談論經義並非切磋學術，而是引經典以爲詞辯之資。李彪此行略佔上風，蕭賾旋即遣使回以顏色，《魏書・成淹傳》載其事云：

> 太和中，文明太后崩，蕭賾遣其散騎常侍裴昭明、散騎侍郎謝竣等來弔，欲以朝服行事。主客執之，云：「弔有常式，何得以朱衣入山庭！」昭明等言：「本奉朝命，不容改易。」如此者數四，執志不移。高祖敕尚書李沖，令選一學識者更與論執，沖奏遣淹。昭明言：「未解魏朝不聽朝服行禮，義出何典？」淹言：「吉凶不同，禮有成數，玄冠不弔，童孺共聞。昔季孫將行，請遭喪之禮，千載之下，猶共稱之。卿遠自江南奉慰，不能式遵成事，方謂議出何典，行人得失，何其異哉！」昭明言：「二國交和既久，南北皆須準望。齊高帝崩，魏遣李彪通弔，於時初不素服，齊朝亦不以爲疑，那得苦見要逼。」淹言：「彪通弔之日，朝命以弔服自隨，而彼不遵高宗追遠之慕，乃踰月即吉，彪行弔之時，齊之君臣皆已鳴玉盈庭，貂璫曜日，百僚內外，朱服煥然，彪行人不被主人之命，復何容獨以素服間衣冠之中？來責雖高，未敢聞命。我皇帝仁孝之性，侔於有虞，處諒闇以來，百官聽於冢宰，卿豈得以此方彼也。」昭明乃搖膝而言：「三皇不同禮，亦安知得失所歸。」淹言：「若如來談，卿以虞舜、高宗爲非也？」昭明遂相顧而笑曰：「非孝者，宣尼有成責，行人亦弗敢言。希主人裁以弔服，使人唯齎袴褶，比既戎服，不可以弔，幸借緇衣蹈，以申國命。今爲魏朝所逼，違負指授，還南之日，必得罪本朝。」淹言：「彼有君子也，卿將命折中，還南之日，應有高賞；若無君子也，但令有光國之譽，雖復非理見罪，亦復何嫌。南史董狐，自當直筆。」〔註15〕

裴昭明、謝竣奉命前往憑弔文明太后，表面上是兩國間禮貌來往，但暗中卻是欲對李彪之事作一回擊。裴、謝二人不服喪服以弔，成淹與之論爭，雙方論及李彪弔喪之事，成淹舉經典以論，於理爲勝。由於南北朝時期特重喪禮，《儀禮・喪服》中載各階級所當服之喪服，有其嚴格區分，南朝士族爲保持其特權地位，因而特重貴賤之別，〈喪服〉一篇於是見重於當時。喪禮之行使恰當與否，與政治也有相當關係，當時南北統治者各自標榜正朔，於交聘之時，必遣使者加以宣揚，傳統經典之儀服制度，正是王權之重要象徵，〈喪服〉

〔註15〕同註12，頁1751～1752。

亦是禮儀制度之一，且爲當時所重，因而一遇機會，便成爲使者間論爭之焦點，藉由雙方巧言論辯，各自標榜本朝所稟爲正統。在兩次論禮的紀錄上，北朝顯然是佔上風的，這種藉由經學相互較勁的例子，在南北朝交流的過程中屢見不鮮。

其後，北魏與南齊發生短暫軍事對立，於永明九年又恢復通使，李彪奉命來聘，《南史‧蕭琛傳》載：「永明九年，魏始通好，琛再銜命北使，還爲通直散騎侍郎。時魏遣李彪來使，齊武帝讌之。琛於御筵舉酒勸彪，彪不受，曰：「公廷無私禮，不容受勸。」琛答曰：「《詩》所謂『雨我公田，遂及我私。』」坐者皆悦服，彪乃受琛酒。」〔註16〕由此段史料，可知雙方仍是相互較勁，而蕭琛引《詩經》以勸，略勝李彪一籌，這是南齊時期使節間交手的通用模式。由以上三例發現，當時南北使者普遍運用經典之言以爲談說之資，儒家經典成爲南北間的共同語言，因此可知當時南北對儒家經典有著共同的尊崇。雖然南北朝時期文學、玄學、佛學大行其道，壓縮了儒家經典的空間，但由於南北統治者對於自身正統性的強調，使得儒家崇高的地位不曾因各新興之學而有所降低。汪惠敏先生統計南北朝時受委任爲使節之人，大多以文學知名〔註17〕，但使者卻也多半兼習經學，儒學能在新興之學大盛之時，保持其獨尊地位，這與當時南北特殊局勢是有著相當的關係的。

齊武帝時，正逢北魏孝文帝之世，其時孝文帝大力推行漢化，因北方圖書不足，而遣使求書於南齊，《南齊書‧王融傳》載其事：

> 虜使遣求書，朝議欲不與。融上疏曰：「……今經典遠被，詩史北流……若衣以朱裳，戴之玄頍，節其揖讓，教以翔趨，必同艱枉桔，等懼冰淵，婆娑 蹢，困而不能前已……於是風土之思深，憤戾之情動，拂衣者連裾，抽鋒者比鏃，部落爭於下，酋渠危於上，我一舉而兼吞，卞莊之勢也……」世祖答曰：「吾意不異卿，今所啓，比相見更委悉。」事竟不行。〔註18〕

孝文帝求書，朝廷本不欲給予，但王融上疏議論，終得以施行。雖然王融論借書之理，目的在使北人不服漢化，進而產生動亂，南齊便可坐收漁利，但是南朝贈書北人之舉，在客觀上也促進了南北文化交流。此外，如永明九年，

〔註16〕同註8，頁505。
〔註17〕同註3，頁62。
〔註18〕同註13，頁818～820。

李道固（李彪）、蔣少游報使於齊，少游受命密觀齊朝宮殿模式，以作爲魏朝營建殿宇參考〔註 19〕；南使至北朝，孝文帝「親相應接，申以言義。甚重齊人，常謂其臣下云：『江南多好臣』」〔註 20〕，孝文帝致力漢化，而與齊朝交流頻繁，其中參考南朝典章之事，時而可見。

三、蕭梁時期與北朝之交流

　　南朝至梁代時期，南北交流達極爲頻繁，南北使節時有往來，這一方面肇因於武帝天監初期南朝韋叡、曹景宗在南北重要戰役上取得勝利，使得一時間動盪的局勢得到了平衡，北朝此役之後，數十年間也無更大規模的南征軍事活動，於是南北之間又恢復了密切的往來；另一方面，由於梁武帝蕭衍崇尚儒學，使得儒經的發展在當時取得重要的成就，這刺激了北朝對南朝的防範，畏懼人心歸向蕭梁，並常遣使者相互較勁。蕭衍在位前期勵精圖治，使得南朝聲威大盛，文治武功上都取得了相當的成就，在南朝百餘年來是最爲輝煌的時期，又其重視儒學，使得儒學在長期受到壓抑的狀況下，重新恢復舊有的盛況，《南史・儒林傳》云：「至梁武創業，深愍其弊，天監四年，乃詔開五館，建立國學……館有數百生，給其餼稟，其射策通明經者，即除爲吏，於是懷經負笈者雲會矣」〔註 21〕，儒學得以興盛的原因，一方面固然是由於祿利驅使，但在事實上卻也使得梁朝經學得到了高度的發展。如前所說，南北朝分裂以來，除軍事上的競賽之外，標榜正朔也是雙方互相較勁的重要項目之一，欲高舉正統政權旗幟，則傳統儒家經學的倡導爲必行之勢，蕭衍深諳此理，並在推廣經學上得到了成功，便使得北朝統治者感到壓力，《北齊書・杜弼傳》載齊高帝高歡之言：「江東復有一吳兒老翁蕭衍者，專事衣冠禮樂，中原大夫望之以爲正朔所在。我若急作法網，不相饒借，恐督將盡投黑獺，士子悉奔蕭衍，則人物流散，何以爲國」〔註 22〕，可見蕭衍「專事衣冠禮樂」的成功，使得北朝士大夫心生傾慕，而以梁朝爲中國之正朔所在，這對北朝統治者有著極大的威脅。雙方既然都認識到經學的重要，於是在梁朝時南北皆重視經學之發展，並常有經學、政治的交流，這大大的促進了南

〔註 19〕同註 13，頁 990。
〔註 20〕同註 13，頁 991～992。
〔註 21〕同註 8，頁 1730。
〔註 22〕同註 10，頁 347～348。

朝義疏內容的發展，義疏有了更多刺激，豐富了經說內容，這對經學的發展有極大的幫助。以下各舉例證以說明梁代南北交流對義疏發展的影響。

據《南史‧儒林傳》云：

盧廣……天監中歸梁……徧講五經。時北來人儒學者有崔靈恩、孫詳、蔣顯並聚徒講說，而音辭鄙拙，唯廣言論清雅，不類北人。〔註23〕

戚袞字公文……就國子博士宋懷方質《儀禮》義。懷方北人，自魏攜《儀禮》、《禮記》疏，祕惜不傳。及將亡，謂家人曰：「吾死後，戚生若赴，便以《儀禮》、《禮記》義本付之，若其不來，即隨屍而殯。」〔註24〕

梁武帝時，北朝許多儒者紛紛南來講學，史傳所載者如孫詳、蔣顯、崔靈恩、盧廣、宋懷方等人，皆受到梁武帝禮遇，授以爵祿，盧廣「徧講五經」，宋懷方傳「《儀禮》、《禮記》疏」，對南朝經學的內容有一定的刺激，尤其南朝經說好創新，受到兼容並蓄，廣收各家之說的學術風氣影響下，義疏的內容必然兼採北人之說，戚袞傳宋懷方《儀禮》、《禮記》，則豐富了南朝禮學內容，惜其書今不傳，無法窺見發展情形。南朝禮學與北朝相同，皆本於鄭玄之學，但南朝義疏則兼用王肅之說，不專主一家，如是則北人之說南來之時，有詮釋精當之處，則為南人所採用，如皇侃《禮記義疏》兼用北人之說即為一例，這對南北經義的融合有正面的意義。

其次，南朝《左傳》學的發展，受到北人相當大的影響，《左傳》服、杜之爭當是受北人論經風氣影響，北朝自杜冀傳《杜注》於北朝之後，《服注》、《杜注》並行於北，從史傳中可見發展之軌跡，如《魏書‧儒林傳》載：「虔《左氏春秋》、休《公羊傳》，大行於河北……晉世杜預《左氏》，預玄孫坦，坦弟冀於劉義隆世並為青州刺史，傳其家業，故齊地多習之」，《北齊書‧儒林傳》載：「凡是經學諸生，多出自魏末大儒徐遵明門下……河北諸儒能通春秋者，並服子慎所注，亦出徐生之門。又有姚文安、秦道靜初亦學服氏，後更兼講杜元凱所注。其河外儒生俱服膺杜氏」〔註25〕。自杜氏《春秋》行於北朝之後，《左傳》學基本上便是服、杜二家並行的模式，然而服氏《春秋》等同於鄭學，北朝既大行鄭學，服氏《春秋》便為《左傳》學主流，且常與

〔註23〕同註8，頁1740。

〔註24〕同註8，頁1747。

〔註25〕同註10，頁583～584。

杜氏學者相互論難，《魏書‧賈思伯、賈思同傳》云：「思伯遂入授肅宗（明帝）杜氏春秋……思同……授靜帝《杜氏春秋》……思同之侍講也，國子博士遼西衛冀隆爲服氏之學，上書難《杜氏春秋》六十三事。思同復駁冀隆乖錯者十一條，互相是非，積成十卷。詔下國學集諸儒考之，事未竟而思同卒。卒後，魏郡姚文安、樂陵秦道靜復述思同意」〔註26〕，又《周書‧儒林傳》載樂遜：「又著春秋序義，通賈、服之說，發杜氏違，辭理並可觀」〔註27〕，可見《左傳》服、杜之爭在北朝經學發展中本身就是一個重要項目。南朝《左傳》學的發展，原本便是以杜氏《春秋》爲主，服氏《春秋》遲至崔靈恩南來始風行，《南史‧儒林傳》云：「崔靈恩……仕魏爲太常博士。天監十三年歸梁……靈恩先習《左傳服解》，不爲江東所行，乃改說杜義。每文句常申服以難杜，遂著《左氏條義》以明之。時助教虞僧誕又精杜學，因作《申杜難服》以答靈恩，世並傳焉」〔註28〕，《左傳服解》「不爲江東所行」，可以說明南朝《左傳》學發展的情形，在崔靈恩南來之前，《左傳》服注是不受儒者所重視的，自崔靈恩作《左氏條義》以申服難杜之後，《左傳》服、杜之間的異同便爲學者所熱烈討論著，《南史‧儒林傳》云：「自梁代諸儒相傳爲左氏學者，皆以賈逵、服虔之義難駁杜預，凡一百八十條」〔註29〕，由此段史料可知，崔靈恩提出《左傳》服、杜異同，對南朝《左傳》學的發展有著相當大的影響，原本習杜氏《春秋》學者，紛紛開始以服虔之說難杜預，這種情形延續到了陳代，到王元規時才一一加以疏通義理，在服、杜之爭中，產生了較具代表性的作品。《左傳》學受到北人的刺激，加深了經說義理討論的深度，這對南朝義疏內容的深化有重大的意義。

　　以上所言，是梁代經學中受到北人影響的部分，若是南朝經學影響北朝者，如費甝《尚書義疏》傳於北朝，《北齊書‧儒林傳序》云：「武平末，河間劉光伯、信都劉士元始得費甝義疏，乃留意焉」〔註30〕，北齊武平年間，費甝《尚書義疏》傳於北，《隋書‧經籍志》載：「《尚書義疏》，梁國子助教費甝撰」，則費甝爲梁人可知，費甝本《僞孔傳》作疏，至此方有《古文尚書》之本傳於北朝，而得到劉焯、劉炫的重視，予以闡發作疏，這與《五經正義》中《尚書》

<hr>

〔註26〕同註12，頁1612～1616。
〔註27〕〔唐〕令狐德棻：《新校本周書附索引》(台北：鼎文出版社，1983年)，頁818。
〔註28〕同註8，頁1739。
〔註29〕同註8，頁1756。
〔註30〕同註10，頁583。

採《僞孔傳》爲底本，是有一定的關係，劉焯、劉炫爲周、隋之間重要儒者之一，其所重視的經注，是《尙書正義》的重要參考。其次，北周武帝禮聘沈重，其學見重於北，《周書》〈儒林傳〉云：「史臣每聞故老，稱沈重所學，非止六經而已……故能馳聲海內，爲一代儒宗」〔註31〕，沈重至北朝，其見推如此，則南朝經學當時影響北朝甚多，此爲南北經學交流之一證。

南朝經師北往之外，南朝文人來往，也同樣對經學交流有所貢獻，如顏之推即爲代表之一，顏之推生於梁代，其後居於北朝，時間跨梁、陳二代，其著作《顏氏家訓》中頗多南北經學異同的探討，如《顏氏家訓·音辭篇》討論南北經讀異同，〈書證篇〉中列舉經史子集中南北解釋異同之處，一一加以考證實物，舉其謬誤者，這對經義闡發有辨正之功，如其中一條：

> 《詩》云：「黃鳥于飛，集于灌木。」《傳》云：「灌木，叢木也。」此乃爾雅之文，故李巡注曰：「木叢生曰灌。」《爾雅》末章又云：「木族生爲灌。」族亦叢聚也。所以江南《詩》古本皆爲叢聚之叢，而古叢字似冣字，近世儒生，因改爲冣，解云：「木之冣高長者。」案：眾家《爾雅》及解《詩》無言此者，唯周續之《毛詩注》，音爲徂會反，劉昌宗《詩》注，音爲在公反，又祖會反：皆爲穿鑿，失《爾雅》訓也。〔註32〕

考《廣韻》去聲十四泰韻：「冣，極也，俗作冣，祖外切」，是冣、最同字，宋周續之著《毛詩注》，以「叢」爲「冣」，則屬釋字之舛誤，顏之推辯證源流，證實「叢」字當作如字解，而非如周氏、劉氏等人之說，其能直斥謬說，於經典有所貢獻。

另外，顏氏對南北朝禮制異同也有所論述，雖史傳稱「禮則同遵鄭氏」，但實際在民間所發展的型態卻不相同，如《顏氏家訓·風操篇》載：

> 南人冬至歲首，不詣喪家；若不修書，則過節束帶以申慰。北人至歲之日，重行弔禮；禮無明文，則吾不取。南人賓至不迎，相見捧手而不揖，送客下席而已；北人迎送並至門，相見則揖，皆古之道也，吾善其迎揖。

> 江南凡遭重喪，若相知者，同在城邑，三日不弔則絕之；除喪，雖相遇則避之，怨其不己憫也。有故及道遙者，致書可也；無書亦如

〔註31〕同註28，頁819。
〔註32〕〔北齊〕顏之推：《顏氏家訓》，（台北：漢京出版社，1983），頁396～397。

之。北俗則不爾。江南凡弔者,主人之外,不識者不執手;識輕服
而不識主人,則不於會所而弔,他日修名詣其家。〔註33〕

由這兩段記載可發現,北朝民間重古禮,制禮以從古爲原則,所謂「禮無明
文,則吾不取」;南朝民間重親疏關係,不必然遵照古禮。由於南朝門第觀念
甚重,往往藉由喪禮制訂而區分貴賤,比如「若相知者,同在城邑,三日不
弔則絕之」、「主人之外,不識者不執手」、「識輕服而不識主人,則不於會所
而弔,他日修名詣其家」,對於親疏不同時,當行何事甚爲斟酌,唯恐破壞此
種不成文規定,而使世家地位產生動搖,可見南朝時期,在特殊的歷史背景
下,使禮俗的制訂產生了相當不同的面貌。

　　如顏之推等文人來往例子頗多,但顏之推較爲留心經學,並從南北草木
器物中考察經典原意,並對南北禮制之異同加以比較,是較特殊的例子。考
證南北禮制經說異同,雖然與義疏發展無直接關係,但透過一連串比較辨證
之後,也間接促進經說內容的深化,對於南北經說的融合有著一定的貢獻。

　　梁代與北方諸朝交涉頗多,除上述南北經學間之往來外,使節間交聘之
事更是不亞於齊代。使節來往應答間,也常有經學交鋒的情形,較爲著名的
便是李業興出使梁朝的一段對話,《北史·儒林傳》載:

四年,與兼散騎常侍李諧、兼吏部郎盧元明使蕭衍。衍散騎常侍朱
異問業興曰:「魏洛中委粟山是南郊邪?」業興曰:「委粟是圓丘,
非南郊。」異曰:「北間郊、丘異所,是用鄭義。我此中用王義。」
業興曰:「然,洛京郊、丘之處專用鄭解。」異曰:「若然,女子逆
降傍親亦從鄭以不?」業興曰:「此之一事,亦不專從。若卿此間用
王義,除禪應用二十五月,何以王儉喪禮禪用二十七月也?」異遂
不答。業興曰:「我昨見明堂四柱方屋,都無五九之室,當是裴頠所
制。明堂上圓下方,裴唯除室耳。今此上不圓何也?」異曰:「圓方
之說,經典無文,何怪於方?」業興曰:「圓方之言,出處甚明,卿
自不見。見卿錄梁主孝經義亦云上圓下方,卿言豈非自相矛盾!」
異曰:「若然,圓方竟出何經?」業興曰:「出孝經援神契。」異曰:
「緯候之書,何用信也!」業興曰:「卿若不信,靈威仰、協光紀之
類經典亦無出者,卿復信不?」異不答。〔註34〕

〔註33〕 同註33,頁85、101、102。
〔註34〕 同註12,頁1862。

首段記載朱异與李業興辯論之事，朱异首先從《禮記》鄭王歧異之處切入，鄭玄以南郊、圓丘爲二，而王肅以郊、丘爲一，由於南朝時期經學發展中，鄭王之爭仍舊是重要的項目之一，自劉宋以降，朝廷與學者間對鄭王異同之處多有辯論，不專從一家。到梁代時仍舊延續著這股討論風氣，然北朝則專用鄭玄之說，於禮制訂立更是如此，朱异明白此點，便從鄭王異同處切入，欲以此爲論，但李業興亦知南朝禮制雜用鄭王，因而提出南朝矛盾點，如祥禫之制，鄭玄主張二十七月，王肅主張二十五月，而齊代王儉主鄭玄之說，梁代又主王肅之說，此則不必然專用王學。其次，辯論明堂構造問題，南朝用裴頠之說，李氏以緯侯之書駁之，然梁武帝於《孝經義疏》中採緯侯之言，因而使朱异語塞，此爲李氏巧辯之言，南北使者往往利用經典矛盾之處相攻，而非眞心討論經義。

《北史・儒林傳》又記載梁武帝與李業興論說經義之事，其文如下：

蕭衍親問業興曰：「聞卿善於經義，儒、玄之中何所通達？」業興曰：「少爲書生，止讀五典，至於深義，不辨通釋。」衍問：「詩周南，王者之風，繫之周公；邵南，仁賢之風，繫之邵公。何名爲繫？」業興對曰：「鄭注儀禮云：昔大王、王季居于岐陽，躬行邵南之教，以興王業。及文王行今周南之教以受命。作邑於酆，分其故地，屬之二公，名爲繫。」衍又問：「若是故地，應自統攝，何由分封二公？」業興曰：「文王爲諸侯之時所化之本國，今既登九五之尊，不可復守諸侯之地，故分封二公。」衍又問：「乾卦初稱『潛龍』，二稱『見龍』，至五『飛龍』。初可名爲虎。」問意小乖。業興對：「學識膚淺，不足仰酬」衍又問：「尚書『正月上日受終文祖』，此是何正？」業興對：「此是夏正月。」衍言何以得知。業興曰：「案尚書中候運行篇云『日月營始』，故知夏正。」衍又問：「堯時以何月爲正？」業興對：「自堯以上，書典不載，實所不知。」衍又云：「『寅賓出日』，即是正月。『日中星鳥，以殷仲春』，即是二月。此出堯典，何得云堯時不知用何正也？」業興對：「雖三正不同，言時節者皆據夏時正月。周禮，仲春二月會男女之無夫家者。雖自周書，月亦夏時。堯之日月，亦當如此。但所見不深，無以辨析明問。」衍又曰：「禮，原壤之母死，孔子助其沐槨。原壤叩木而歌曰：『久矣夫，予之不託於音也。狸首之班然，執女手之卷然。』孔子聖人，

而與原壤爲友？」業興對：「孔子即自解，言親者不失其爲親，故者不失其爲故。」又問：「原壤何處人？」業興對曰：「鄭注云：原壤，孔子幼少之舊，故是魯人。」衍又問：「孔子聖人，所存必可法。原壤不孝，有逆人倫，何以存故舊之小節，廢不孝之大罪？」業興對曰：「原壤所行，事自彰著。幼少之交，非是今始，既無大故，何容棄之？孔子深敦故舊之義，於理無失。」衍又問：「孔子聖人，何以書原壤之事，垂法萬代？」業興對曰：「此是後人所錄，非孔子自制。猶合葬於防，如此之類，禮記之中動有百數。」衍又問：「易曰太極，是有無？」業興對：「所傳太極是有，素不玄學，何敢輒酬。」〔註35〕

蕭衍欲以玄學、儒學問難李業興，李氏對以不曉玄學，其後蕭衍所題之問題皆經典義理，遍及詩、書、禮、易。首先，《詩序》中「繫之周公」、「繫之召公」之「繫」爲何意，李氏答以維繫之意，周之先王於所封之地行仁德教化，周統一天下後，便封周公、召公於其故地，以維繫先王仁德之風，此說頗爲允當。其次，武帝問《易經》，因問意不當而約略帶過；《書經》正朔之事，但因史料本不齊全，本無法窺其全貌，因而不了了之。第三，武帝問原壤失禮之事，此條經文在梁代時頗受重視，皇侃《禮記義疏》、《論語義疏》中保有當時的紀錄，其文云：

> 《禮記・檀弓下》：孔子之故人曰原壤，其母死，夫子助之沐椁，原壤登木曰：「久矣，予之不託於音也。」歌曰：「貍首之班然，執女之手卷然。」

> 皇侃《禮記義疏》：原壤是上聖之人，或云是方外之士，離文棄本，不拘禮節，妄爲流宕，非但敗於名教，亦是誤於學者。〔註36〕

> 《論語・憲問》：原壤夷俟。子曰：「幼而不遜悌，長而無述焉，老而不死，是爲賊也。」

> 皇侃《論語義疏》：原壤者，方外之聖人也，不拘禮教，與孔子爲朋友。〔註37〕

梁代對原壤的討論分爲兩派，一者以爲原壤爲「上聖之人」，一者則斥其爲妄

〔註35〕同註12，頁1863～1864。
〔註36〕〔唐〕孔穎達：《禮記正義》（台北：藝文出版社，1997年），頁199。
〔註37〕〔梁〕皇侃：《論語集解義疏》（台北：廣文出版社，1991年），頁530。

為流宕、敗壞名教之徒，以原壤為聖人者，當是受到玄學的影響，其不拘禮教，與老莊者流形似，於是有心人便加以比附，使原壤搖身一變為方外聖人。梁武帝雅好儒典，在當時必然瞭解兩種說法，於是以此質問李氏，李氏引鄭玄之說以證，是其學本乎鄭玄，以所學立場回答，以為原壤雖行為有乖禮制，但尚非大謬，孔子本「故舊不遺」之胸懷，而不棄原壤。李氏解經與南朝學者不同，不以玄虛之語解釋，純用事理解經，實得經說之理致，由此可見北朝解經之樸實面。最後，梁武帝問太極有無之事，李氏深知武帝好玄言，太極之有無，為玄學家所重，李氏但說「所學為有」，而避開玄學議題，可謂知己知彼。

由李業興與梁武帝君臣的對話，可以歸納幾個現象：一、南人解經重玄虛新穎之說，北人解經重樸實合理之言；二、南人解經兼採各家，北人說經主鄭玄之說；三、南北同樣延續著漢代讖緯之學，同時存在著說經上的矛盾。以上三點，可概括看出南北經說的同異，從此點延伸，檢視整個南北經學的發展，大抵上與這三點不相違背。南朝經說重融通，不專一家，並喜好創新，這在梁武帝的提問之中可見一斑，透過與李業興對話中，可以約略看見南朝義疏所呈現的面貌。另外，在與朱异的問難之中，可見雙方對讖緯的態度有著相當大的模糊空間，兩人均認識讖緯之書不可信，但卻不能完全予以否定，就如李氏所說，梁武帝同樣引用讖緯之書以證經義。追溯其源由，自東漢光武帝藉以立國之後，主政者便與讖緯之學脫不了關係，開國之君常需藉由讖緯以取得經典「授命」之源，如此才能為搏得人心，如《南史‧隱逸傳》載陶弘景：「齊末為歌曰：『水丑木』為『梁』字。及梁武兵至新林，遣弟子戴猛之假道奉表。及聞議禪代，弘景援引圖讖，數處皆成『梁』字，令弟子進之。武帝既早與之游，及即位後，恩禮愈篤，書問不絕，冠蓋相望」[註38]，運用讖緯以取得「受命」之證，是古代新皇權建立之初，造神運動的重要項目，從漢光武帝之後，此類戲碼屢見不鮮，到南北朝時亦是如此，目的皆是為了編造取得政權的合理性，是奉天之命以治理人民的，其重要性不亞於提倡儒學禮樂以示正統，這便是「正朔」象徵的重要步驟之一。南北朝均重視此點，而使讖緯之學得以延續，於是在朱异與李業興的對話中，對於讖緯問題多少有避諱之處，既不同意讖緯，但又無法反駁李業興，其中因素難以告人。

〔註38〕同註8，頁 1898～1899。

四、陳代與北朝之交流

陳朝由於國祚甚短，且又經侯景之亂，於是經學發展無法與梁代相比，基本上是延續著梁代南北經學交流的成績，如《左傳》學的發展，因崔靈恩提申服難杜，儒生紛紛加入討論行列，《南史・儒林傳》云：「王元規……自梁代諸儒相傳爲左氏者，皆以賈逵、服虔之義難駁杜預，凡一百八十條。元規引證通析，無復疑滯」〔註39〕，王元規本杜氏之學，總結梁代以來諸儒申服難杜之問難，一一加以疏通，使《左傳》學到陳代時義理達到融合歸納的成績，《隋書・經籍志》載王元規：「《王元規續沈文阿春秋左氏傳義略》十卷」，是南朝《左傳》義疏之學至此爲一歸納總結，代表著南朝《左傳》學的發展里程碑，這對經學的發展有一定的貢獻。

其次，陳代與北周、北齊、隋朝的頻繁往來中，也偶見深明經籍之士任命爲北往之使者，如《陳書・毛喜傳》云：「世祖即位，喜自周還，進和好之策，陳朝乃遣周弘正等通聘」〔註40〕；又《南史・阮卓傳》云：「卓幼聰敏，篤志經籍……尋兼通直散騎常侍，副王話聘隋。隋文帝夙聞其名，遣河東薛道衡、琅瑘顏之推等與卓談宴賦詩，賜遣加禮」〔註41〕，周弘正善《周易》，阮卓雖以文學著名，但經義通曉，此諸人北使交流談讌之時，當有經學往來。

由以上宋、齊、梁、陳四代的狀況看來，可知南北交流對經學發展影響之大，南朝經學以義疏爲代表，則南朝義疏著作必然受到北方經學的衝擊，而使內容更爲豐富。南朝義疏之學，到梁代時發展至高峰，南北經學交流也在同時達到鼎盛，這當歸功於蕭衍致力於經學，使有梁一代爲同時期南北朝儒學的重鎮，吸引了大批優秀儒者由四方慕名而來，刺激南朝本身的經學內容，使經說義理更加深化。經學交流發展的結果，使得南北義疏有逐漸融合的趨勢，不論是在內容上的，或是體裁上的，兩者間的界線也因相互交流，而不再如前期義疏特色般壁壘分明，這也爲隋唐大一統的經注作了前置性的的準備。以下就現存各經義疏中，所能見到南北經學交融之事，概括舉證，以窺視南北經學交流的軌跡。

〔註39〕同註8，頁1765。
〔註40〕〔唐〕姚思廉：《新校本陳書附索引》（台北：鼎文出版社，1983年），頁388。
〔註41〕同註8，頁1792。

第二節　南北義疏交流及其影響

　　從上文所舉舉南朝各代經學交流之例，稍能看出經學發展的脈絡，而前人也曾做過關於南北經學交流的討論，如劉師培對南北經學交流就曾有一番剖析，其文云：

> 南方巨儒，亦有研治北學者：嚴植之治周易，力崇鄭注，其證一也；范寧篤志今文尚書，其證二也；王基治詩，駁王申鄭，陳統亦申鄭離孫（毓）；周續之作詩序，義最得毛、鄭之旨，其證三也；嚴植之治三禮，篤好鄭學，戚袞從北人宋懷方受儀禮、禮記疏，作三禮義記，其證四也；崔靈恩作左氏條義，申服難杜，其證五也；荀泉作孝經集解，以鄭注爲優，范尉宗、王儉亦信之，其證六也。觀此六證，可知北學之輸南方也。雖然，南方之儒，既研北學，則北方之儒，亦研南學：河南青、齊之間，儒生多講王輔嗣易，此北方易學化於南方之始也；劉炫得費魁偽古文書疏，並從姚方興之書，北方之士，始治古文，此北方書學化於南方之始；姚文安治左氏傳，排斥服注，此北方左傳學化於南方之始。北人之學既同化於南人，則南學日昌，北學日絀；南學日昌，則魏晉經師之說日熾，北學日絀，則兩漢經師之說淪。（劉申叔遺書・南北學派不同論）

以上論述，關於南朝部分，可說是對錯各半。劉氏論南北經學，基本上仍是依照史書評論南北經學的基調，即《北史・儒林傳》所云：「南人約簡，得其英華，北人深蕪，窮其枝葉」，其說偏向南學。但《北史》爲唐人李延壽奉敕所撰，論及經學之事，自是以當時所尊崇之經注爲評斷標準，從《五經正義》的編纂可見一斑。當時《五經正義》中，《易》採王弼之注，《書》本《偽孔傳》，《詩》本毛傳，《禮》本鄭玄之注，《左傳》本杜預之注，其所採用之經注，皆是南朝義疏所崇尚的經注底本，《北史・儒林傳序》云：「江左，《周易》則王輔嗣，《尚書》則孔安國，《左傳》則杜元凱；河、洛，《左傳》則服子慎，《尚書》、《周易》則鄭康成；《詩》則並主於毛公，《禮》則同遵於鄭氏」，此段史料清楚指出南北義疏之學所遵循的經注底本，唐代《五經正義》既然採用南人義疏所用底本，是其重南學之可能性大。李延壽受到當時風氣影響，評論南北經學自不能客觀看待，劉氏依此而論，進一步舉例說明，往往會造成錯解。由前面南北交流的實例可知，南北經學的發展是呈現逐漸融合的趨勢，並不是所謂「南學日昌，北學日黜」的態勢，北方自杜冀傳其家學，《左

傳》便服、杜並行，其後崔靈恩將服、杜之爭帶往南方，若照事實應當是南學化於北方，而非北學化於南方。唐代《五經正義》雖然以南學所本之經注爲正義之底本，但於解釋經義時，則博採南北眾家之言，並不見得完全排斥北學，基本上是延續著南北朝經說融合的方式，並成爲南北義疏的總結成果。另外，劉氏論南北學派不同也是本《北史》〈儒林傳〉所言，如其論嚴植之治《周易》、三《禮》，篤好鄭學，是治北學之證，但南朝經學本是呈現多元化狀態，《周易》在南齊之後便是王弼、鄭玄之注並立的情形，只是多數人崇尚王弼，但於鄭玄之說也有所採取，這是較貼近當時發展的狀況；《北史》言「《禮》則同遵鄭氏」，既是同遵，何以嚴植之治禮崇尚鄭學則是好尚北學？南朝《禮》學義疏普遍以鄭玄之注爲底本，並融合各家之說，嚴植之尊鄭玄之說並非特例，如庾蔚之、何胤、賀瑒、皇侃等人皆是如此。周續之治《詩》，本毛《傳》鄭《箋》，是本於鄭玄，但由現存南朝義疏資料觀察，則梁代何胤、沈重等人治《詩》亦本毛《傳》，兼注鄭《箋》，這當是南北治《詩》的共同處，不可作爲南人治北學之證。

　　以上對劉氏之說稍作辨證，由於劉氏之說常爲後人討論南北經學之重要參考，則其謬誤之處當需糾正，如此才能客觀看待南北經學發展。由於現存南朝義疏殘文爲數甚少，只能從殘文中推測當時義疏發展狀況，以下就各經義疏中南北經學交流之狀況加以舉證，以檢視當時義疏發展情形。

一、《禮記》方面

　　南朝時期特重禮學，南北經學交流中，禮學亦是重要項目之一，因而現存義疏資料中，南北經學交流的紀錄以《禮記》最多。由上節論述發現，南朝時期以梁代南北經學交流最爲頻繁，因此就現有禮學義疏資料檢視，梁代《禮記》學中保存南北交流的資料爲數最夥，其中以皇侃《禮記義疏》爲代表，茲舉數例以證：

　　　《禮記・曲禮上》：禮曰：君子抱孫不抱子，此言孫可以爲王父尸，子不可爲父尸。

　　　《禮記正義》：皇侃用崔靈恩義，以大夫用己孫爲尸。〔註42〕

　　　《禮記・樂記》：鐘聲鏗……石聲磬……絲聲哀……竹聲濫……鼓聲

〔註42〕同註37，頁53。

之聲謹……

　《禮記正義》：皇氏用崔氏之說，云鐘聲爲兌、石聲爲乾、絲聲爲離、竹聲爲震、鼓鞞爲坎。〔註43〕

《正義》載皇氏用崔氏之說共三次，考崔靈恩於天監十三年（514）歸梁，皇侃時年二十六，年當幼於崔靈恩。皇侃師賀瑒，賀瑒於天監九年卒，年59，皇侃時年22，史稱盡通其業，然觀皇侃《論語義疏》，皇氏於前人及當代人所說多有採用，其《禮記義疏》寫作態度同於《論語義疏》，同樣收羅眾家之言，《正義》言其採崔靈恩之說必有可信之處，（崔靈恩卒年史無載），皇侃《禮記義疏》採用崔靈恩之說，此爲南北交流之證。

皇侃採用北人崔氏之說外，尚有引用北魏劉芳《禮記義證》之言，如：

　《禮記‧王制》：古者公田，藉而不稅。

　《禮記正義》：劉氏及皇氏皆云：「夏時民多，家得五十畝，而貢五畝；殷時民稍稀，家得七十畝，而助七畝；周時其民至稀，家得百畝，而徹十畝，故云：『其實皆什一也』」。〔註44〕

此文《正義》言專解《孟子》〈滕文公上〉：「夏后氏五十而貢，殷人七十而助，周人百畝而徹，其實皆什一也」之文，鄭玄《注》引《孟子》之言以證，劉芳、皇侃並爲之注解，《正義》言「劉氏」爲北魏劉芳，「皇氏」即皇侃。又如：

　《禮記‧玉藻》：君子狐青裘豹褎，衣緇衣以裼之。

　《禮記正義》：劉氏又云此玄衣爲玄端，與皇氏同。〔註45〕

皇侃引用劉芳之說共此二例，考劉芳生於北魏之時，卒於北魏宣武帝延昌二年（513），皇侃本傳載皇氏卒於梁武帝大同十一年（545），又《梁書》〈武帝本紀〉載：「大同四年（538）……冬十二月丁亥，兼國子助教皇侃表上所撰《禮記義疏》五十卷」，是皇侃上《禮記義疏》時，距劉芳亡故已隔二十五年，皇侃《禮記義疏》撰寫乃是廣收各家之說，如北人崔靈恩亦在其蒐羅範圍，因此可推知《禮記正義》中皇侃同於劉芳之說者，即參考北魏劉芳《禮記義證》，此爲南朝義疏之作參考北朝義疏例證之二。

除南朝《禮記》參考北人義疏之外，北朝《禮記》學同樣也有受到南朝

〔註43〕同註37，頁693。
〔註44〕同註37，頁246。
〔註45〕同註37，頁558。

義疏影響，如沈重即爲一例。《周書》本傳載沈重受北周武帝之聘，曾在北方
傳授經學，沈重所學既源自南學，則南學影響北朝經學可知，在其《禮記》
學可見概況，舉例如下：

> 《禮記》〈明堂位〉：灌尊，夏后氏以雞夷，殷以斝，周以黃目。

> 《禮記正義》：皇氏、沈氏並云：「春用雞彝，夏用鳥彝，秋用斝彝，
> 冬用黃彝。春屬雞，夏屬鳥，秋屬收禾稼，冬屬土，色黃，故用其
> 尊。」〔註46〕

> 《禮記‧射義》：故天子之大射，爲之射侯。

> 《禮記正義》：皇氏、沈氏並云：「天子熊侯，或云九十弓，或云七
> 十弓，乃同王侯。」

《禮記正義》載沈重引皇侃之說共三例，考沈重本傳載其卒於隋開皇三年
（586），皇侃卒於梁武帝大同十一年（545），則沈重後於皇侃，《禮記正義》
引皇氏、沈氏相同者，當是沈重參考皇侃之說。既沈重義疏參酌皇氏之說，
則於傳授經學於北方時，南方義疏之學對北方當有影響，此爲南朝義疏影響
北方之例證。

　　除南朝學者外，從北朝義疏中也能清楚看見受到南朝經學影響之處，其
中以熊安生《禮記義疏》爲代表。熊氏義疏，務於博採，已染南朝義疏之風，
《禮記正義序》中曾對其學作批評，其文云：「熊則違背本經，多引外義，猶
之楚而北行，馬雖疾而去愈遠。又欲釋經文，惟聚難義，猶治絲而棼之，手
雖繁而絲益亂也」〔註47〕，其評論頗多貶詞，但由「多引外義」、「惟聚難義」
二詞看來，也正說明熊氏《禮記義疏》博採眾家的特性。現存熊氏義疏殘文
中，可發現大量引用南朝義疏的痕跡，是南北義疏交流的代表之一，以下就
其採用南朝各家經說之處個別舉證。

（一）採用劉宋學者之說

> 《禮記‧喪服四制》：或曰擔主，或曰輔病，婦人童子不杖，不能病
> 也。百官備，百物具，不言而事行者，扶而起；言而后事行者，杖
> 而起；身自執事而后行者，面垢而已。禿者不髽，傴者不袒，跛者
> 不踊，老病不止酒。凡此八者，以權制者也。

〔註46〕同註37，頁581。
〔註47〕同註37，頁1。

《禮記正義》：所謂八者，應杖不杖，不應杖而杖，一也；扶而起，二也；杖而起，三也；面垢，四也；禿者，五也；傴者，六也；跛者，七也；老病者，八也。庾蔚云：「父存爲母，一也，不數杖與不杖之利。」皇氏、熊氏並取以爲說。〔註48〕

《禮記‧雜記上》：大夫居廬，士居堊室。

《禮記正義》：「以臣爲君喪，俱服斬衰，故知未練之前，士亦居廬也……庾氏、熊氏並爲此說。」〔註49〕

《禮記正義》引熊氏採庾氏之說共三例，庾蔚之爲劉宋時人，《隋書》載「《禮記略解》十卷，庾氏撰」，皇氏指皇侃，熊氏指熊安生，熊氏爲北周時人，後於庾蔚之，取庾氏之說以作解，爲南學北往證例之一。

（二）採用梁代學者之說

《禮記‧玉藻》：史進象笏。

《正義》云：「熊氏云：『按下大夫不得有象笏，有象字者誤也。』熊氏又解與明山賓同，云：『有地大夫，故用象』。」〔註50〕

《禮記正義》引熊氏採明山賓之說共一例，考明山賓卒於大通元年（527），《梁書》本傳載其著《吉禮儀注》二百二十四卷、《禮儀》二十卷，熊氏當是參考此二本。

《禮記‧玉藻》：而素帶終辟……

《禮記正義》：崔氏、熊氏並云據要爲正，飾帶外邊，上畔以朱，朱是正色，故在上也。下畔以綠，綠是間色，故在下也。〔註51〕

《禮記‧月令》：天子乃薦鞠衣于先帝。

《禮記正義》：王權、賀瑒、熊氏等並以爲在明堂。〔註52〕

《禮記‧禮運》：以降上神。

《禮記正義》云：皇氏、熊氏等云：「上神謂天神也。」

《禮記正義》載熊氏引賀瑒之說共一例，引崔靈恩之說共三例，引皇侃之說

〔註48〕同註37，頁1034，疑「杖與不杖之利」之「利」字，當爲「別」字之誤。
〔註49〕同註37，頁712。
〔註50〕同註37，頁548。
〔註51〕同註37，頁560。
〔註52〕同註37，頁302～303。

共十四例。如前所說，皇侃卒於梁武帝大同十一年（545），《周書》本傳載熊安生卒於北周武帝宣政元年左右（578），則熊氏後於皇氏，《禮記正義》所引當是熊氏取皇氏之說。又前文所云，皇氏以賀瑒爲師，又年齒幼於崔氏，因此《正義》引熊氏、崔氏、賀氏並云等等當是熊氏採二人之說。

二、《詩經》方面

南北《詩經》義疏之作由於泰半亡佚，因而能掌握的資料不多，其中沈重《毛詩義疏》記載引用南朝學者義疏之言，可作爲南北義疏之學交流的例證，舉例如下：

《詩經・鄘風・干旄》：素絲紕之。

《毛詩正義》：箋云……以縫紕旗旌之旒縿……縿，所銜反，何（胤）、沈（重）相沾反。〔註53〕

《詩經・小雅・楚茨》：爲豆孔庶。

《毛詩正義》：箋云……庶，　也……　字又作侈，昌紙反，何、沈都可反。〔註54〕

考《梁書》何胤本傳，其卒於中大通三年（531），前文云沈重卒於開皇三年（586），則沈重後於何胤，《毛詩正義》載沈重說同於何胤者共四條，則沈重《詩》學有本於南朝義疏，本傳載沈重於北周武帝保定末年受聘於北，其《詩》學並傳於北，此爲南學北往之證。

三、《書經》方面

《書經》南北交流之事，現存南朝著作惟有顧彪《尚書義疏》，《隋書・經籍志》載顧彪《尚書疏》二十卷，《尚書正義》中載顧彪引用大劉（劉焯）、小劉（劉炫）數條，以下舉數例以證：

《尚書・武城》：惟一月壬辰，旁死魄。

《尚書正義》：顧氏解死魄與小劉（劉炫）同。〔註55〕

《尚書・洪範》：初一曰五行……次九曰嚮用五福，福威用六極。

〔註53〕〔唐〕孔穎達：《毛詩正義》（台北：藝文出版社，1997年），頁123。
〔註54〕同前註，頁456。
〔註55〕同註15，頁160。

《尚書正義》：其敬用農用等一十八字，大劉（劉焯）及顧氏以爲龜
背先有摠三十八字。〔註56〕

考顧彪見於《北史》及《隋書》，然《北史》本傳云：「顧彪字仲文，餘杭人，
明《尚書》、《春秋》」，餘杭南朝時屬揚州，《隋書》〈地理志下〉云：「餘杭郡」，
注云：「平陳，置杭州」，則陳時餘杭爲陳朝屬地，非爲北朝屬地。其爲《尚
書義疏》本《僞孔傳》，自北齊以來，梁人費甝《尚書義疏》行於北朝，是南
學北往，顧彪義疏本於《僞孔傳》，則其學爲南學。又《舊唐書》〈儒學傳〉
云：「朱子奢，蘇州吳人也，少從鄉人顧彪習《春秋左氏傳》」，《北史》本傳
云顧彪通《尚書》、《春秋》，則二顧彪即同一人。云「鄉人」，則顧彪授《春
秋》時居於南朝可知，其時學已成，是其人爲南人，其學爲南學之明證。其
後入於隋，因此可歸於陳朝之人。劉焯、劉炫生於周、隋之間，顧彪《尚書
義疏》採大小劉之言，則其年代當與大小劉同時或稍後。《尚書正義》載顧彪
引用劉焯之說共二例，引劉炫之說共一例，顧彪身處南朝末期，當時南北經
學交流與融合已經達到一定成果，如前文所說皇侃、熊安生、王元規等人所
作，顧彪則延續此風氣，可見南北經學的交流，自梁代大盛以來，並未有間
斷，直到進入隋朝也是如此。

其次，從劉焯、劉炫二人，也可看見南北《尚書》交流之迹，《北齊書·
儒林傳序》言：「武平末，河間劉光伯、信都劉士元始得費甝義疏，乃留意焉」，
二人並爲之作義疏，《尚書正義序》評論劉焯義疏，以爲其「穿鑿孔穴，詭其
新見，異彼前儒，非險而更爲險，無義而更生義？」北朝學者多遵師法，而
劉焯好尙新義，與南朝義疏風氣頗有相似處。其後顧彪採取二劉之說，則南
學北往後，北學又復南來，這種情形與南朝《左傳》學的發展相近，可看做
是南北經學交流的指標之一。

小　結

南朝義疏之學，如前章所論，本重融通與創新，善於博採眾家之說，是
南朝義疏內容與體例上的重要特徵，在與北朝義疏交流的同時，北方經學也
融入了南朝義疏的內容之中，使南朝義疏儼然成爲南北經說融合的中心。北
朝由於義疏體例與南朝不同，其學延續漢朝重師法的特徵，著作本一家之說，

〔註56〕同註15，頁169。

也可以說整個北朝基本上是籠罩在鄭玄之學之下的，因此在經義融合上不如南朝之迅速。直到北朝後期，如熊安生《禮記義疏》的出現爲其代表，才使南北義疏體裁的界線逐漸模糊，不再是鄭學獨尊的局面，經說的詮釋受到南朝的影響，逐漸趨於多樣化，雖然《禮記正義》批評其「治絲益棼」，但北朝熊氏等人沾染南朝義疏風氣，對南北經學交流有所助益，這在經學史的發展上是具有正面意義的。另外，從北朝影響南朝義疏的方面，以梁代時北人的影響最能看出南北經學融合的趨勢，崔氏《三禮義宗》釋禮甚精，爲後人所推許；劉芳爲北魏儒宗，顏之推《顏氏家訓》中將劉芳《禮記義證》之說奉爲圭臬。皇侃《禮記義疏》殘文中所見數條引用崔氏、劉氏之說，則北人經說優秀之處，往往爲南朝義疏所吸收，深化經說的內容，可見北朝義疏對南朝義疏內容所產生的影響。又《左傳》學的發展，梁代以前本遵杜預之說，自崔氏提申服難杜之後，南朝《左傳》學始有服、杜異同之討論。南朝《左傳》學的發展，以梁、陳時期服、杜之爭最具有代表性，至陳代王元規引證通析，方有定論，王氏之作，可說是南北朝義疏發展的里程碑之一，其意義與熊安生《禮記義疏》是相同的，代表南北朝經學發展的成果。

　　經學的發展與政治息息相關，宋、齊時期國祚甚短，在外患與內亂交纏下，加上文學、史學、玄、佛諸學的興盛，分散了經學發展的力量，經學在此時始終無法得到全面的進展，即便是國君也明白經學的重要性。在種種不利經學的狀況下，南北經說的交流呈現的是較爲停滯的現象，史傳中所看見的僅是雙邊文化上的往來，而缺乏義疏的交流。時至梁代，由於武帝提倡經學有成，使北人學者紛紛慕名前來，促進了經學間的交流，使南朝義疏之學的發展達到了顛峰，隨著南北交流的頻繁，經學也由南北截然不同的面貌，走向逐漸融合的態勢。

第五章　結　論

　　由以上各章論述，可知南朝義疏不論在體裁上，或是內容上，與前代各類經注皆不相同。南朝時期由於特殊的政治與文化背景之下，使經說產生了質變，在內容上，一方面繼承漢代章句訓詁以及魏晉以來經說玄學化的特色，一方面又加入佛學的因子，加上南北交流之下所產生的經說交流，使南朝經說呈現著十分複雜的面貌；又當時人好新尚異，於博採眾說之外，更自創新解，當時文化、思想界的活絡，具體呈現在南朝義疏經說之中。其次，由於魏晉以來各種新經說體裁相繼產生，對前代經說做了更有系統的整理與發展，加上佛典翻譯時所創新的注經體裁，種種因素影響下，產生了義疏的體裁。義疏之體的產生是文化交流下的成果，它既兼有各種經說體裁的特色，又能充分融合古今經說及各種思潮，因此南朝義疏體裁的發展可看做是南朝各思潮交流之下的具體展現，並且此一體裁也同樣具備著融合各種不同思潮的功能。綜合前面各章所論，南朝儒經義疏的時代特色，可概括為「客觀性」、「包容性」與「創新性」三方面，以下就各點做一具體陳述，以作為本文之歸納。

第一節　兼容並蓄，勇於創新的經說及體裁

　　首先就客觀性來說，南朝儒經義疏總結前代儒經經注，在義疏中對各家之說皆有所去取，不泥於一家之說。雖然義疏體例是以一家之注為底本以進行說解的，但若前代各家經注有可取之處，則多能納入南朝義疏架構之中。對前代經注是如此，對當代各家之說也同樣，由第四章南北經說交流的紀錄

之中可知，南朝義疏善於吸取北朝義疏內容，對經說內容加以擴充，使南朝義疏的內容更爲豐富；第三章論及南朝義疏之作博採各家之說，其中兼及當代經說，則南朝義疏善於會通古今南北之說，對各家之說能擇善而從，在經說詮釋上具有客觀性。

其次，南朝由於政治社會結構特殊，，統治者爲標榜正朔，特權階級爲保其權勢，於是對禮學有特殊重視。在南朝有關禮學的眾多論述中，可以發現到禮家對各家經說採取客觀對待的態度，這一方面是由於時代風氣，更重要的是南朝社會有其特殊需求，於禮學的採用總以當時的實際需求爲主。從第三章論述中可知，南朝禮學義疏普遍仍是以鄭玄之注爲疏解底本，但若遇各家之說與鄭玄相抵觸者，則未必遵從鄭氏，總以是否能符合時代需求爲主，前文論述已詳。在這種情況之下，「疏」破「注」的情形便時常在南朝儒經義疏之中看見，雖有背棄師法之譏，但能客觀看待經說，卻是經說的進步。南朝義疏之所以能保持客觀，與當代學術風氣有相當大的淵源。

在經說體裁方面，魏晉南北朝時期，群學並立，儒學與各學派衝突之餘促進了各學派之間的交流，南朝義疏體例，正是在特殊的時空背景下所產生。佛經合本子注的注釋形式，使義疏之學能在眾多舊有經注之中，找到相容的方式，提供各家經說相互比較融通的平台，而非一味死守舊說，又基於當時實際需求，義疏的說解必以符合時代爲準，若前人之說不符現實需求，則不予採用。如第二章所說，義疏的產生方式有許多種，若是講經論辯的紀錄，自然可隨意取擇義理，但若是採著作以成書的方式，則合本子注的影響就顯得十分有意義，南朝義疏之作之所以能充分展現客觀性，與佛教的影響有相當大的關係。

第二節　綜括前代，承先啓後的歷史地位

南朝儒經義疏具有包容的特性，對當代思潮、經說能兼容並包，而與前代有所不同，較正確的說法，應說南朝儒經義疏與包容性是互爲因果的。自魏晉以來，儒學與各思潮間的衝突甚爲激烈，魏晉時期如名教與自然之間的爭議，即儒學與玄學間的論爭；再來便是儒學與佛學長期的論戰。在儒學與各思潮長久的論戰之下，加深了雙方對彼此的瞭解，同時也加速了各思潮間的交互影響與融合，進而產生了交流，南朝義疏正是眾多「交流」下的的產

物；南朝義疏既具有各思潮的因子，則對於各學派、思潮的包容性便十分廣大，在現存南朝儒經義疏殘文之中，每每可見儒學與各思潮間的一流，甚至成了義疏組成重要的一部分。南朝義疏體裁在當時儼然成爲南北朝思想交流的大熔爐，儒學與各學間的交流充分顯現在義疏之中，這體現了思想的交融。唐宋時期新儒學的醞釀，即是儒學與各家之學交融後所轉變的新思潮，南朝義疏體例的包容特色當有其正面意義，北朝經說重師法，到了後期才漸漸受到南朝義疏重融通的影響，如熊安生之作，於是就融合時代思潮來看，北朝義疏是難以與南朝義疏相比的。

第三節　創新性

　　由於南朝經說受到玄學論辨影響，論理崇尚新說，義疏之作若能自出新意，則爲時人所稱道，此則玄學論辯流風所及，固爲時代風尚所影響。又當時玄、佛的興盛，使經說加入了前人未有的因子，體裁上因佛教的刺激而有了義疏體的產生，理論上則使儒經加入了玄佛的思想。若能本經旨加以發揮固然可喜，但就南朝創新的經說來看，則疏家常常偏離經說要旨，使經之大意被新說所掩蓋，這對經學的詮釋並非是一種進步。後人每每駁斥南朝經說崇尚虛誕，宗老崇釋，曲解了經說原意，這算是一種正確的指謫。然而，時處南北分裂，經說自然不能統一，又加上當時新思潮的帶入，以及帝王對新思潮提倡的熱烈，使得學者常常有嘗試性的經說出現。又其時處於章句之學與義理之學的轉關，新的說解往往趨向義理的發揮，這對時代思潮的進步是有幫助的。由第三章論述可知，南朝儒經義疏雖然於創新義理之時常有謬論，但其創新之說也常有超越前人之處，並使經說更加深化，發前人所未發，對經說、經注不明之處能詳加疏釋，有闡發經說義理之功。南朝經說既重融通，則必富有創造性，如經說融合三教，對宋代理學便起了先導性的作用；而義疏體例的創造與融合經說的成果，爲《五經正義》的編纂做了前置性的工作，因此南朝義疏在歷史中理當獲得正面性的評價，而非單純只是混亂時期經說的現象而已。

　　綜合上述，則南朝儒經義疏的時代特色貴在能以開放性的角度會通經說體裁及內容，並對後代經說體裁、內容及後代思想史的發展產生種要的影響，固然創新有其流弊，但此種經說體裁及內容對後世的貢獻是不可磨滅的，前

人對南朝義疏往往貶多於褒，過份強調南朝義疏缺點的結果，使得其重要性較為人所忽略，皮錫瑞云：「夫漢學重在明經，唐學重在疏注；當漢學已往，唐學未來，絕續之交，諸儒倡為義疏之學，有功於後世甚大」〔註1〕，此論實為的見，能清楚指出義疏之學的時代價值。筆者就義疏之體裁與內容發展分章論述，歸納義疏之學之時代特色，以標示出南朝儒經義疏之價值所在，以期能對南朝經學發展做一微薄貢獻。

〔註 1〕 《經學歷史》，頁 198。

參考引用書目

一、資料部份

1. 唐・孔穎達，《周易正義》，（台北，藝文印書館，1997 年）（十三經注疏本）。

2. 唐・李鼎祚，《周易集解》，（北京，中華書局，1985 年）。

3. 宋・朱震，《漢上易傳》，（台北，廣文書局，1974 年）。

4. 宋・朱熹，《周易本義》，（台北，大安出版社，1999 年）。

5. 唐・孔穎達，《尚書正義》，（台北，藝文印書館，1997 年）（十三經注疏本）。

6. 唐・孔穎達，《毛詩正義》，（台北，藝文印書館，1997 年）（十三經注疏本）。

7. 唐・孔穎達，《禮記正義》，（台北，藝文印書館，1997 年）（十三經注疏本）。

8. 唐・孔穎達，《春秋左傳正義》，（台北，藝文印書館，1997 年）（十三經注疏本）。

9. 梁・皇侃，《論語集解義疏》，（台北，廣文書局，1991 年）。

10. 唐・陸德明，《經典釋文》，（台北，學海出版社，1988 年）。

11. 清・吳承仕，《經典釋文序錄疏證》，（台北，崧高書社，1985 年）。

12. 《皇清經解》，（台北，復興書局，1972 年）。

13. 清・馬國翰、王仁俊，《玉函山房輯佚書及補遺》，（京都，中文出版社，1990 年）。

14. 清・黃奭，《黃氏逸書考》，（京都，中文出版社，1986 年）。

15. 清・孫堂，《漢魏二十一家易注 三十三卷》，（台北，成文出版社，1976 年）。

16. 唐・房玄齡，《晉書》，（台北，鼎文書局，1976 年）。

17. 梁・沈約，《宋書》，（台北，鼎文書局，1975 年）。

18. 梁・蕭子顯，《南齊書》，（台北，鼎文書局，1983 年）。

19. 唐·姚思廉等，《梁書》，（台北，鼎文書局，1983年）。

20. 唐·姚思廉等，《陳書》，（台北，鼎文書局，1983年）。

21. 北齊·魏收，《魏書》，（台北，鼎文書局，1983年）。

22. 唐·李百藥，《北齊書》，（台北，鼎文，1983年）。

23. 唐·令狐德棻，《周書》，（台北，鼎文，1983年）。

24. 唐·李延壽，《南史》，（台北，鼎文，1976年）。

25. 唐·李延壽，《北史》，（台北，鼎文，1976年）。

26. 唐·魏徵等，《隋書》，（台北，鼎文書局，1983。）

27. 清·朱銘盤，《南朝宋會要》，（台北，弘文出版社，1986年）。

28. 清·朱銘盤，《南朝齊會要》，（江蘇，上海古籍出版社，1984年）。

29. 清·朱銘盤，《南朝梁會要》，（江蘇，上海古籍出版社，1984年）。

30. 清·朱銘盤，《南朝陳會要》，（江蘇，上海古籍出版社，1984年）。

31. 清·趙翼，《二十二史劄記》，（台北，商務印書館，1968年）。

32. 北齊·顏之推，《顏氏家訓》，（台北，漢京文化，1983年）。

33. 清·陳澧，《東塾讀書記》，（台北，商務印書館，1997年）。

34. 梅光羲，《高僧傳節要》，（台北，佛教出版社，1977年）。

35. 《大正新修大藏經》（日本，日本大正一切經刊行會，1955年）。

二、論著部分

1. 黃慶萱，《魏晉南北朝易學書考佚》，（台北，幼獅文化，1975年）。

2. 黃尚信，《周易著述考》，（台北，國立編譯館，2002年）。

3. 徐芹庭，《易學源流》，（台北，國立編譯館，1987年）。

4. 屈萬里，《尚書今註今譯》，（台北，商務印書館，1997年）。

5. 許錟輝，《尚書著述考》，（台北，商務印書館，2003年）。

6. 林葉連，《中國歷代詩經學》，（台北，學生書局，1993年）。

7. 周何，《詩經著述考》，（台北，國立編譯館，2004年）。

8. 柯金虎，《魏晉南北朝禮學書考佚》，政治大學中國文學研究所博士論文。

9. 黃俊郎，《禮記著述考》，（台北，國立編譯館，2003年）。

10. 沈秋雄，《三國兩晉南北朝春秋左傳學佚書考》，（台北，國立編譯館，2000年）。

11. 簡博賢，《今存南北朝經學遺籍考》，（台北，黎明文化，1975年）。

12. 簡博賢，《今存三國兩晉經學遺籍考》，（台北，三民書局，1986年）。

13. 王書輝，《兩晉南北朝爾雅著述佚籍輯考》，（台北，花木蘭，2006年）。

14. 清‧皮錫瑞,《經學歷史》,(台北,藝文印書館,2000年)。

15. 清‧馬宗霍,《中國經學史》,(台北,商務印書館,2000年)。

16. 本田成之,《中國經學史》,(台北,廣文書局,2001年)。

17. 劉汝霖,《東晉南北朝學術編年》,(北京,中華出版社,1987年)。

18. 章權才,《魏晉南北朝隋唐經學史》,(廣東,廣東人民出版社,1996年)。

19. 吳雁南、秦學頎、李禹階,《中國經學史》,(福建,福建人民出版社,2001年)。

20. 汪惠敏,《南北朝經學初探》,輔仁大學中國文學研究所碩士論文。

21. 濮傳眞,《南朝經說玄理化》,台灣大學中國文學研究所碩士論文。

22. 陳金木,《皇侃之經學》,(台北,國立編譯館,1995年)。

23. 林登順,《魏晉南北朝儒學流變之省察》,(台北,文津出版社,1996年)。

24. 湯用彤,《漢魏兩晉南北朝佛教史》,(北京,北京大學出版社,1997年)。

25. 湯用彤,《魏晉玄學論稿》,(上海,上海古籍出版社,2001年)。

26. 福井文雅,《漢語文化圈的思想與宗教-儒教、佛教、道教》,(東京,五曜書房,1998年)。

27. 顧濤,《皇侃論語義疏研究》,南京大學中國文學系碩士論文。

28. 楊耀坤,《中國魏晉南北朝宗教史》,(北京,人民出版社,1994年)。

29. 羅宏曾,《中國魏晉南北朝思想史》,(北京,人民出版社,1994年)。

30. 毛漢光,《兩晉南北朝士族政治之研究》,(台北,商務印書館,1966年)。

31. 孫廣德,《晉南北朝隋唐俗佛道爭論中之政治課題》,(台北,中華出版社,1972年)。

三、期刊論文部分

1. 宋師鼎宗,〈魏晉經學質變說〉,《魏晉南北朝文學與思想研討會論文集》,(台北,文史哲出版社,民80年),頁373~394。

2. 劉學智,〈簡論魏晉南北朝時期儒學的地位與作用〉,《哲學與文化》,91年6月。

3. 李承貴,〈兩晉南北儒佛道三教關係發微〉,《孔孟月刊》,民國91年2月。

4. 曾一民,〈魏晉南北朝的學風—儒學的反彈〉,《能仁學報》,民國86年7月。

5. 羅運治,〈魏晉南北朝史學蓬勃發展因素的探討〉,《淡江史學》,民國88年6月。

6. 杜維運,〈魏晉南北朝的衰亂與史學的極盛〉,《國史館館刊》,民國85年12月。

7. 陳鴻森，〈魏晉南北朝經學史小識〉，《東海學報》，民國 83 年 7 月。

8. 慧雲，〈略論魏晉南北朝時期佛教的中國化與儒學的衰微〉，《菩提樹》，民國 83 年 5 月。

9. 謝月玲，〈對「經學玄學化」一詞與其現象背後意義之重審〉，《人文學報》，民國 86 年 8 月。

10. 陳鴻森，〈北朝經學的二三問題〉，《中央研究院歷史語言研究所集刊》，民國 84 年 12 月。

11. 劉雪飛，〈簡論魏晉經學風氣的轉變及特點〉，《孔孟月刊》，民國 93 年 3 月。

12. 秦永洲，〈東晉南北朝時期中華正統之爭與正統再造〉，《文史哲》，1998 年第 1 期。

13. 李金河，〈魏晉南北朝經學述論〉，《山東大學學報》（哲學社會科學版），1997 年第 1 期。

14. 黃忠天，〈南北經學之消長與統一〉，《孔孟月刊》第四卷第八期。

15. 烏廷玉，〈兩晉南北朝士族門閥的特徵〉，《史學集刊》第一期，1995 年。

16. 林童照、吳時春，〈南朝教育對士族特權的鞏固作用〉，《高苑學報》，《歷史研究》第一期，1994 年。

17. 李瓊英，〈南朝士族的家庭教育〉，《西南師範大學學報》（哲學社會版）第二期，1994 期。

18. 何啓民，〈魏晉思想與士族心態〉，《國立政治大學歷史學報》第一期，1983 年。

19. 何啓民，〈南朝門第中人心態的探討〉，《國立政治大學學報》第四十七期，1983 年。

20. 孔毅，〈論南朝齊梁士族對政治變局的回應〉，《重慶師院學報》（哲學社會版）第三期，2000 年。

21. 陳朝暉，〈梁武帝與南朝的儒學〉，《孔子研究》，1994 年第一期。

22. 葉富貴，〈漢唐思想之流變〉，《孔孟學報》七十二期（1986 年 6 月）。

23. 牟宗鑒，〈南北朝經學述評〉，《孔子研究》1987 年第三期。

24. 饒宗頤，〈華梵經疏體例同異析疑〉，載《新亞學報》，收入《選堂集林‧史林》，（台北，明文出版社，1982 年）。

25. 申圖爐明，〈南北朝儒家經學義疏三論〉，《江蘇社會科學》2001 年第四期。

26. 張寶三，〈儒家經典詮釋傳統中注與疏之關係〉，《孔子與二十一世紀國際學術研討會論文集》，2001 年 10 月。

附錄一：西漢卦氣說之天道觀考察

戴榮冠

摘　要

　　西漢經學，自漢武帝獨尊儒術後而成爲一代顯學，然其中雜染陰陽災異之說，使漢代經學詮釋中充滿神秘色彩，在《易經》中表現爲象數之學，西漢象數易學中，又以孟喜、京房卦氣說爲最。西漢經學之卦氣說，乃由孟喜所創制，到京房時推展愈甚，結合古代曆法樂律知識、陰陽災異及天人感應學說，作爲占筮以及解釋自然與人事關係之體系。由於卦氣理論的細密，成爲西漢時期解釋自然與人事關係上相當完整的理論。本文試圖由卦氣說之天道觀切入，考察卦氣說天道觀興起之源流、運作之規則，以及天道觀之內涵，並以孟喜、京房爲主要探討對象，論證卦氣說之天道觀反映西漢時期，儒學結合各種當代自然與人文知識，試圖取得經說的詮釋權，以求實現自身的政治理想，並延續儒家仁道的精神。

關鍵字：天道觀、卦氣、孟喜、京房

一、卦氣說天道觀形成之由來

　　「卦氣」一詞，從史籍觀察，最早出現於《漢書・谷永傳》，當時谷永解釋災異現象，以爲「王者躬行道德，承順天地……則卦氣理效，五徵時序，百姓壽考，庶草蕃滋，符瑞並降，以昭保右」〔註1〕，這段話的原意，與西漢時期董仲舒等人論說災異以勸告君王實踐仁政，在本質上並無不同，但其中「卦氣」一詞，則專指《易經》在漢代與當時興盛的各種學說交互影響下的產物。據今人梁韋弦研究，卦氣說的產生最早當出於西漢孟喜〔註2〕，而非早在先秦時期就已存在，筆者基本上是同意這項論點的。〔註3〕

　　西漢卦氣說的產生，乃八卦與曆政之書的結合。其運作方式，以《易經》中陰陽爻變化象徵天地之間自然寒暑等現象的表徵，並將卦爻與自然現象緊密結合，以解釋自然界各種現象。這種結合主要的目的，並不是如古代曆政之書一般，指導人民生產、經濟活動的運作，而是將焦點放在政治人事的運作上，以董仲舒天人感應的模式告誡國君道德仁義的重要性，若政治不能符合自然之道（即卦爻與曆政之書結合，指導國君在何種時節下，當從事符合當季德行之事），則天地陰陽之氣便會產生不協調，在卦爻占筮上便會顯現異常，而自然界中也同樣會有災異的表徵，藉此以告誡國君當符合自然之道。

　　西漢卦氣說天道觀的本身，就帶有藉由闡釋天道運作，以指導政令所應爲之事的意味，這種告誡當權者的方式，並非無中生有，較近可上推至鄒衍、

〔註1〕 《漢書・谷永杜鄴傳第五十五》，見〔漢〕班固著，〔唐〕顏師古注：《新校本漢書并附編二種》（台北：鼎文書局，1986年），頁3467。

〔註2〕 梁韋弦先生考證，卦氣說結合的曆法二十四氣、七十二候體系，最早不超過漢初，而非存在於先秦時期，因此卦氣說的產生不會早於西漢，詳見梁韋弦：《漢易卦氣學研究》，（山東：齊魯書社，2007年1月。）

〔註3〕 梁韋弦先生在〈「卦氣」與「曆數」，象數與義理〉一文中指出：「卦氣學是以天人感應和陰陽五行運數說爲理論支撐，借用了天文曆法知識爲形式，將《周易》占術與秦漢間流行的陰陽五行雜占術結合起來爲技術手段，以占驗人事吉凶爲根本宗旨的占算體系」（載於《松遼學刊》（人文社會科學版），2001年10月第5期），西漢卦氣結合天人感應、陰陽學說與天文曆法知識，筆者基本同意此說，但以「五行運數說」及「五行雜占術」爲技術手段，則有可議之處。江弘遠《京房易學流變考》一書考證宋人晁說之獻《京氏易傳》，其中以五行結合卦爻，並推展出八宮卦、飛伏、納甲、世應、爻辰等理論，與歷史不合，多有矛盾，實非京房所創。筆者同意此觀點，因此不以現行《京氏易傳》版本爲京房易說主要材料，乃以《漢書》所載京房《易》說爲參考資料，進行西漢卦氣說的論證。

董仲舒等人以陰陽五行、自然災異告譴國君，以及《呂氏春秋‧十二月紀》、《淮南子‧天文訓》、《禮記‧月令》等曆政之書，以自然界各種現象告知執政者何時應當從事何種生產及政治活動，以求不逆自然運行，而達到治理國家的效果。若再上推，則遠自《尚書‧堯典》、《周禮‧夏小正》即有執政者觀測自然現象以告知人民當年如何從事生產活動，由觀測自然以推定曆法，指導政事、生產的運作，是古代君王治理國家的重要工作。將自然災異與人事作爲相結合，早在《尚書》所提及的「五事」、「五徵」等史料中即已發現，例如《尚書‧洪範》篇云：

> 庶徵。曰雨，曰暘，曰燠，曰寒，曰風，曰時。五者來備，各以其敘，庶草蕃廡。一極備凶。一極無凶。曰休徵。曰肅，時雨若。曰乂，時暘若。曰哲，時燠若。曰謀，時寒若。曰聖，時風若。曰咎徵。曰狂，恆雨若。曰僭，恆暘若。曰豫，恆燠若。曰急，恆寒若。曰蒙，恆風若。〔註4〕

經文中舉「雨、暘、燠、寒、風」等自然現象，對應國君及政事推行的成敗。若在上位者治國能符合「肅、乂、哲、謀、聖」的法則，就能感應自然現象的和順。反之，若治國以「狂、僭、豫、急、蒙」等不合乎治國之道以施行，則會自然界將回應以不協調的氣候。《禮記‧月令》所記載諸多政事若不合乎自然運行，則會有若干自然災變之事〔註5〕，則爲曆政之書與陰陽災異結合之明證。

　　西漢卦氣說借鑒曆政之書，並進而將《易經》卦爻配合曆政之書，以說明陰陽消長的過程，及人事上所當爲與避忌。其中孟喜開創卦氣說時，以《易經》中特殊十二卦的卦畫，各卦陰陽爻之排列可作爲天地陰陽循環的說明〔註6〕，並將此十二卦配以十二月，使《易經》與曆政之書緊密結合。在孟喜之前，以陰陽變化說明十二月之間的關係，最遲可上推至董仲舒，董仲舒將十

〔註4〕　見《尚書注疏》，收錄於《十三經分段標點》（台北：新文豐出版公司，2001年），頁471。

〔註5〕　《禮記‧月令》載孟春之事如：「孟春行夏令，則雨水不時，草木蚤落，國時有恐。行秋令，則其民大疫，猋風暴雨丁至，藜莠蓬蒿並興。行冬令，則水潦爲敗，雪霜大摯，首種不入」。各節令皆有避忌及譴告，以告誡國君，曆政之書與陰陽災異的結合，可上推自秦漢之際陰陽五行說盛行之時。

〔註6〕　孟喜以〈復〉、〈臨〉、〈泰〉、〈大壯〉、〈夬〉、〈乾〉、〈姤〉、〈遯〉、〈否〉、〈觀〉、〈剝〉、〈坤〉諸卦陰陽爻排列，配以十二月，以解釋陰陽升降寒暑之徵，進而配合曆政之書以說明人事。

二月配以干支，說明陰陽二氣消長的過程，《西京雜記》卷五記載董仲舒語云：

> 元光元年七月京師雨雹。鮑敞問董仲舒曰：「雹何物也？何氣而生之？」仲舒曰：「陰氣脅陽氣……陽德用事，則和氣皆陽，建巳之月是也，故謂之正陽之月。陰德用事，則和氣皆陰，建亥之月是也，故謂之正陰之月……自十月巳（已）後，陽氣始生于地下，漸冉流散，故云息也。陰氣轉收，故言消也。日夜滋生，遂至四月純陽用事，自四月巳（已）後，陰氣始生于天上，漸冉流散。故云息也。陽氣轉收，故言消也。日夜滋生，遂至十月純陰用事。二月八月，陰陽正等，無多少也。以此推移。無有差慝……太平之世，則風不鳴條，開甲散萌而已；雨不破塊，潤葉津莖而已；雷不驚人，號令啟發而已；電不眩目，宣示光耀而已……陰陽雖異而所資一氣也，陽用事此則氣爲陽，陰用事此則氣爲陰。陰陽之時雖異而二體常存……」敞曰：「然則未至一日，其不雨乎？」曰：「然，頗有之則妖也。和氣之中自生災沴，能使陰陽改節，暖涼失度。」敞曰：「災沴之氣，其常存邪？」曰：「無也，時生耳，猶乎人四肢五臟中也。有時及其病也，四支五臟皆病也。」敞遷延負牆，俛揖而退。〔註7〕

董仲舒爲鮑敞說明「京師雨雹」的災異時，以「建巳之月」爲「正陽之月」，「建亥之月」爲「正陰之月」。對照孟喜卦氣十二月卦說，孟喜沿用古曆法，以十一月爲「建子之月」，並以〈復〉卦象徵天地間一陽之氣初生的現象，這與董仲舒所言「十月巳（已）後，陽氣始生于地下」月令相合，自建子之月（十一月）下推至建巳之月（四月），孟喜配以〈乾〉卦，〈乾〉卦六爻皆陽，正好與董仲舒所言「正陽之月」相符；自建巳之月（四月）下推至建亥之月（十月），孟喜配以〈坤〉卦，〈坤〉卦六爻皆陰，與董仲舒所言「正陰之月」相符。另外，孟喜制定十二月卦時，除了以十二卦配十二月外，也結合曆法的知識，將卦爻與二十四氣、七十二候的系統相結合，其中二十四節氣的「四正」，即「冬至」、「春分」、「夏至」、「秋分」，孟喜各配以〈復〉、〈大壯〉、〈姤〉、〈觀〉四卦，在十二月中分別象徵著十一月、二月、五月、八月。董仲舒以「二月八月，陰陽正等，無多少也」，對照孟喜卦氣說，正好是〈大壯〉、〈觀〉卦，在月令中象徵「春分」、「秋分」，這是一年之中白天與晚上時間均等的日

〔註7〕〔晉〕葛洪：《西京雜記》，收錄於《筆記小說大觀》1冊（揚州：廣陵書社，2007年），頁10。

子，象徵著陰陽均等，自《尚書・堯典》時已有相關記載〔註8〕。以一年中日夜均等的兩日，象徵「陰陽正等」，孟喜之卦氣說巧妙結合曆政之書、陰陽學說與《易經》，說明天地自然之變化，由董仲舒之說可見孟喜創卦氣順序，實有所承，而非無中生有。由文中觀察，董仲舒舉月令以說明陰陽災異變化，若陰陽理順，則天地間「風不鳴條，開甲散萌而已；雨不破塊，潤葉津莖而已；雷不驚人，號令啓發而已；電不眩目，宣示光耀而已」，由此說明「七月京師雨雹」乃不合陰陽之序。再者，董仲舒以「消」指陰氣上升陽氣下降，「息」指陽氣上升陰氣下降，孟喜論陰陽消長時，同樣以「消」、「息」詞語說明。由此觀之，孟喜以卦爻結合曆法節候，並進而推論人事，當可上溯至董仲舒之說。

從以上例證，雖能說明孟喜如何結合月令解說陰陽，但沒有具體證據說明十二月卦結合月令的事實。由史書考察，西漢武宣之時，魏相以五方配合四時，並配以四卦，可說是卦爻配合季節的證據，《漢書・魏相傳》云：

> 又數表采易陰陽及明堂月令奏之，曰：「……天地變化，必繇陰陽，陰陽之分，以日爲紀。日冬夏至，則八風之序立，萬物之性成，各有常職，不得相干。東方之神太昊，乘震執規司春；南方之神炎帝，乘離執衡司夏；西方之神少昊，乘兌執矩司秋；北方之神顓頊，乘坎執權司冬；中央之神黃帝，乘坤艮執繩司下土。茲五帝所司，各有時也。東方之卦不可以治西方，南方之卦不可以治北方。春興兌治則飢，秋興震治則華，冬興離治則泄，夏興坎治則雹。」〔註9〕

魏相上表論陰陽變化時，以五方配四季、五神、六卦，其中東、南、西、北各配以春、夏、秋、冬與〈震〉、〈離〉、〈兌〉、〈坎〉。孟喜排列卦氣時，以六十卦配以 365 又 4 分之 1 日，其中〈震〉、〈離〉、〈兌〉、〈坎〉不配實際日期，代表著四季的運行，〈震〉、〈離〉、〈兌〉、〈坎〉配以四季的順序，正與魏相所言相合。因此可推知，在孟喜之前，以季節配合卦爻的情形已經存在，孟喜乃予以彙整，將之系統化而已，並非憑空建構的卦氣系統。〔註10〕

〔註8〕 《尚書・堯典》載「日中星鳥，以殷仲春」、「宵中星虛，以殷仲秋」，即是記載春分與秋分之時日夜時間對半，並於日落後觀察南方天空「星」星與「虛」星，以確定春分與秋分的日期。

〔註9〕 同註1，頁3139。

〔註10〕 梁韋弦〈《禮記・月令》所記時候與漢易卦氣之氣候〉一文提到，「卦氣之氣候皆配以易卦，而《月令》通篇隻字未言及易卦，更不必說以卦配候。也就

除史籍之外，長沙馬王堆帛書《易傳》的出現，也能說明孟喜卦氣說的來源，帛書〈要〉篇云：

> 至于〈損〉〈益〉二卦，未嘗不廢書而嘆……〈益〉之爲卦也，春以授夏之時也，萬物之所出也，長日之所至也……〈損〉者，秋以授冬之時也，萬物之所老衰也，長〔夕之〕於至也，故曰産。〔註11〕

〈要〉篇將〈損〉、〈益〉二卦配以季節，說明自然人事的變化，重點在於所配的時節，〈益〉卦配「春以授夏之時」，〈損〉卦配「秋以授冬之時」，這特殊的安排反映出作者在卦爻與季節上的知識。對照孟喜卦氣六日七分說，〈益〉卦居立春時卿卦，〈損〉卦居處暑時公卦，二者居春季與秋季開始之時，梁韋弦先生以爲「馬王堆帛書易傳《要》篇中『益之爲對也，春以授夏之時也』、『授（損）者，秋以授多之時也』一語，與漢易卦氣六日七分說圖式之損、益兩卦所處的節氣位序正相吻合」〔註12〕，筆者不完全認同。由〈要〉篇本文觀察，〈益〉卦是居「春以授夏之時」，按照文意解讀，乃春天即將轉爲夏天之時，當解作春夏之交，也就是季春之時。同樣的，〈損〉卦居「秋以授冬之時」，乃秋天將轉爲多天之時，當解爲秋冬之交，也就是季秋之時。孟喜卦氣說將〈益〉、〈損〉兩卦安排在立春、處暑兩節氣，則是在孟春、孟秋時節，與〈要〉篇之說有所出入。然而，將〈益〉、〈損〉兩卦配以季春、季秋，顯然對於易卦與自然節候之變化，已開始從事連結的動作，這對孟喜卦氣說的建構，在理論上是有所相承的。以〈益〉、〈損〉兩卦置於春、秋兩季，作者有特殊用意在，因〈益〉、〈損〉兩卦就本意而言，有增益與減損之意，就萬物變化現象，以〈益〉、〈損〉兩卦附會解說，是可以理解的。春天象徵萬物滋長，秋天象徵萬物成熟凋零，因而以〈益〉、〈損〉兩卦比附，顯然有取義說明的意味。孟喜建立卦氣說時，當時學術盛行陰陽五行，由〈要〉篇到卦氣說的成立，可以窺見陰陽學說由簡到繁的演變過程，卦氣說所呈現的天道

是說，我們可以從卦氣中看到《月令》所記的東西，而於《月令》中則見不到卦氣的迹象，由此可以肯定以卦配候說的形成只能在《月令》之後」。如果以卦配候出現在《禮記‧月令》之後，那麼對照《漢書‧魏相傳》中四季配以八卦，則可推測《禮記‧月令》當在武帝之前已經成篇，或者《禮記‧月令》與卦氣之學是兩個不同的知識系統。《《禮記‧月令》所記時候與漢易卦氣之氣候》載於《松遼學刊》（人文社會科學版），2002年6月第3期。

〔註11〕 見《續修四庫全書》第1冊（上海古籍出版社，2002年），頁38。

〔註12〕 見梁韋弦：〈帛書〈要篇〉透露出的卦氣知識及其成書年代〉，《齊魯學刊》，2005年第3期。

觀，也反映當時陰陽學說的盛行與氣化宇宙論的樣貌。

二、卦氣說之運行規則

　　天道觀的內容，大致可分爲本體論與宇宙論兩者，卦氣說的特色，在本體論方面，以人格神（天）爲實有，天的意志具體呈現在儒家政治倫理道德上。在宇宙論的方面，以四季運行現象，結合陰陽升降的理論詮釋《易經》，並透過天人感應的理論支撐，使得結合曆書的《易經》可以干預人事，透過自然界的變化推演人事的成敗。卦氣說的產生與演變，是由孟喜參考「易家候陰陽災變書」〔註13〕，發展「六日七分」、「十二月卦」以成一家之言。其後焦延壽發展卦氣理論，至京房更爲完備，《漢書・京房傳》云：「（焦延壽）其說長於災變，分六十四卦，更直日用事，以風雨寒溫爲候，各有占驗。房用之尤精。好鍾律，知音聲」〔註14〕，焦延壽發展卦氣理論，以六十四卦配日說解，京房「用之尤精」，並結合音律以進行占筮，基本上完成了西漢卦氣說的內容。卦氣理論的開展，固然是成一家之言，但以災異言《易》，必有勸說的對象，從西漢各經講說災異的情形看來，解經之人談災異，對象皆爲帝王，無非是欲以自身學說影響帝王決策。那麼同樣以災異爲說的漢代經學，其中不乏以天人感應、陰陽災異爲解經手段，作爲卦氣說載體的《易經》，與各家說法有何不同呢？《漢書・眭兩夏侯京翼李傳》載：「漢興，推陰陽言災異者，孝武時有董仲舒、夏侯始昌；昭、宣則眭孟、夏侯勝；元、成則京房、翼奉、劉向、谷永；哀、平則李尋、田終術」〔註15〕，在這些人中，有不少人專以經學爲說，如董仲舒、夏侯勝、眭孟、翼奉、京房、劉向、李尋等人，董仲舒學《春秋》，夏侯勝、眭孟、李尋學《尚書》、韓嬰、翼奉學《詩經》，孟喜、京房學《易經》，雖各有所專，但皆以西漢盛行的陰陽災異之說解釋經典，以下就西漢時期各經所呈現之災異面貌，對照孟喜、京房《易》說，以觀察差異所在。

　　以《尚書》爲例，西漢時期《尚書》立歐陽高、夏侯勝、夏侯建之學〔註16〕，其中夏侯勝以災異論說，見於史冊，如《漢書・夏侯勝傳》載：

〔註13〕　同註1，頁3599。
〔註14〕　同註1，頁3160。
〔註15〕　同註1，頁3194-3195。
〔註16〕　《漢書・儒林傳第五十八》載：「《書》唯有歐陽……至孝宣世，復立《大小夏侯尚書》」，同註1，頁3620-3621。

會昭帝崩，昌邑王嗣立，數出。勝當乘輿前諫曰：「天久陰而不雨，
臣下有謀上者，陛下出欲何之？」王怒，謂勝爲袄言，縛以屬吏。
吏白大將軍霍光，光不舉法。是時，光與車騎將軍張安世謀欲廢昌
邑王。光讓安世以爲泄語，安世實不言。乃召問勝，勝對言：「在洪
範傳曰『皇之不極，厥罰常陰，時則下人有伐上者』，惡察察言，故
云臣下有謀。」光、安世大驚，以此益重經術士。〔註17〕

夏侯勝以災異解經，透過史料觀察，實際上是以經文衍生的意義作爲占驗的
工具。透過「天久陰而不雨」推測「臣下有謀上者」，當霍光質問時，夏侯勝
引〈洪範傳〉「皇之不極，厥罰常陰，時則下人有伐上者」做解釋，符合霍光
等人密謀之事。因此，以《尚書》爲例，作爲災異譴告的工具，並非來自於
經典原文，而是經過再詮釋的〈洪範傳〉中所指出的譴告例證，作爲說解的
證據，這與經典本身已經有了相當大的差異。

以《詩經》爲例，西漢時有韓嬰、翼奉等學《詩》者，以陰陽災異解說
《詩經》，如《韓詩外傳・卷八》云：

三公者何？曰：司空、司馬、司徒也。司馬主天，司空主土，司徒
主人。故陰陽不和，四時不節，星辰失度，災變異常，則責之司馬。
山陵崩竭，川谷不流，五穀不植，草木不茂，則責之司空。君臣不
正，人道不和，國多盜賊，下怨其上，則責之司徒。故三公典其職，
憂其分，舉其辯，明其隱，此三公之任也。詩曰：「濟濟多士，文王
以寧。」又曰：「明昭有周，式序在位。」言各稱職也。〔註18〕

韓嬰引用《詩經》文句，只是爲了使自己所說的理論有比附經義的事實，並
非謂了詮釋經說而論三公，以及三公失職所反映的災變。藉經說以成一家之
言，往往是論說災異者常使用的手段。另外，翼奉論《詩經》，發展四始五際
六情十二律的說法〔註19〕，更非《詩經》所原有，《漢書・眭兩夏侯京翼李傳》

〔註17〕同註1，頁3155。
〔註18〕屈守元：《韓詩外傳箋疏》（成都：巴蜀書社，1996年），頁717。
〔註19〕齊詩言四始，見《詩經・周南・關雎疏》引《詩緯・氾歷樞》云：「〈大明〉
在亥，水始也；〈四牡〉在寅，木始也；〈嘉魚〉在巳，火始也；〈鴻雁〉在申，
金始也。」五際見《漢書・翼奉傳》注引《詩內傳》，以「卯、酉、午、戌、
亥」爲五際。六情見於《漢書・翼奉傳》，以「好、怒、惡、喜、樂、哀」配
「貪狼、陰賊、廉貞、寬大、姦邪、公正」，是爲六情。十二律爲十二支，並
非樂律之十二律。詳見林師金泉〈齊詩學之三基四始五際六情說探微〉，載於
《成功大學學報》卷20。

載其說云：

> 知下之術，在於六情十二律而已。北方之情，好也；好行貪狼，申
> 子主之。東方之情，怒也；怒行陰賊，亥卯主之。貪狼必待陰而後
> 動，陰賊必待貪狼而後用，二陰並行，是以王者忌子卯也。禮經避
> 之，春秋諱焉。南方之情，惡也；惡行廉貞，寅午主之。西方之情，
> 喜也；喜行寬大，巳酉主之。二陽並行，是以王者吉午酉也。詩曰：
> 『吉日庚午。』上方之情，樂也；樂行姦邪，辰未主之。下方之情，
> 哀也；哀行公正，戌丑主之。辰未屬陰，戌丑屬陽，萬物各以其類
> 應……乃正月癸未日加申，有暴風從西南來。未主姦邪，申主貪狼，
> 風以大陰下抵建前，是人主左右邪臣之氣也……以律知人情，王者
> 之祕道也……〔註20〕

翼奉以北、東、南、西、上、下六方，配以好、怒、惡、喜、樂、哀六情，
並將十二地支拆爲六組，配合月令變化以說明災異人事，全段文字只見「吉
日庚午」與《詩經》有關，明顯脫離了《詩經》原有的詮釋，而成爲占驗的
工具了。《漢書‧睦兩夏侯京翼李傳》復載：

> 臣奉竊學齊詩，聞五際之要十月之交篇，知日蝕地震之效昭然可
> 明……臣聞人氣內逆，則感動天地；天變見於星氣日蝕，地變見於
> 奇物震動……今年太陰建於甲戌，律以庚寅初用事，曆以甲午從春。
> 曆中甲庚，律得參陽，性中仁義，情得公正貞廉，百年之精歲也……
> 今左右亡同姓，獨以舅后之家爲親，異姓之臣又疏。二后之黨滿朝，
> 非特處位，勢尤奢僭過度，呂、霍、上官足以卜之，甚非愛人之道，
> 又非後嗣之長策也。陰氣之盛，不亦宜乎！

翼奉以干支結合曆法，衍生出一套解釋災異與人事的系統，藉由當代陰陽雜
占的知識，爲自己學說建立解釋災異的框架。翼奉所建構的體系是較爲複雜
而完備的，結合了方位、干支、曆法、天象以從事占測之事。宇宙自然的運
行，藉由衍生學說、框架的消化推演，進而掌握災異所表達的內涵，以告知
國君應當施行之政事，在西漢經學家中時常可見。這樣的解經方式，始於董
仲舒，董仲舒以天人感應說結合儒學，使儒學成爲一代顯學之後，西漢解釋
儒家經典，就無法中止用天人感應作爲論經之手段。西漢解釋儒學，何以流
於象數、讖緯，實乃肇因於董仲舒以天人感應神學論，爲漢王朝建立一緊密

〔註20〕同註1，頁3167-3168。

的神學體系，因此識者欲顯自身所學，則需附會帝王所好。自董仲舒以後，建立完整的君權神授體系，既然君權是由「神」、「天」所授與，則政權興廢端看「天」的予奪。天意既難以揣測，則顯現於自然變異之中，國君透過災異的譴告，以警惕自身的行為，這在上文所提及的《尚書·洪範》之中已經看見。《左傳》之中紀錄諸多災異之事，並以史實論證，表示先秦時期對於「天」的認知，有相當成分是以「天」為有意志的存有。漢代董仲舒透過君權神授強化君主權力，也更加深了災異的影響力。

就卦氣說而言，與其他各經不同處，首先在於能與卦爻能與曆政之書做緊密的結合。卦氣理論是《易經》卦爻與漢代曆法中二十四氣、七十二候相結合下的產物。之所以有結合的可能，在於兩者皆對於自然變化有深入的觀察，觀《易經》卦爻組成，原先即天地間八種元素的組合，觀察自然人事變化並以陰陽變化派生萬象作為綱領的體系。二十四氣、七十二候的產生，則源自於古代曆政之書，是先民觀察自然現象，進而歸納農作及人事應符合何種行為，才能順應自然，而不至於違反耕種或當季所應為之事，導致生存產生困難。由於兩種體系都是長期觀察自然變化所產生的系統，因此在性質上較容易進行比附，不像《詩經》《尚書》一般，必須脫離經文本身，另闢解釋系統。《易》卦的抽象符號，對於比附自然現象，尤其是陰陽寒暑變化上，是極為有利的，由十二月卦所代表的陰陽二氣消長的過程，比附為十二月的寒暑變化，使得解說經文可以透過卦畫說明，不需要過度牽強解釋，以此建立卦氣的宇宙論，較其他各經來得方便。由前文所提，孟喜在漢代易卦與季節、方位比附的基礎下，建立了卦氣的系統，有關孟喜卦氣系統，現存於《新唐書·曆志》中，僧一行〈卦議〉云：

> 自冬至初，中孚用事，一月之策，九六、七八，是為三十。而卦以地六，候以天五，五六相乘，消息一變，十有二變而歲復初。坎、震、離、兌，二十四氣，次主一爻，其初則二至、二分也。坎以陰包陽，故自北正，微陽動於下，升而未達，極於二月，凝涸之氣消，坎運終焉。春分出於震，始據萬物之元，為主於內，則群陰化而從之，極于南正，而豐大之變窮，震功究焉。離以陽包陰，故自南正，微陰生於地下，積而未章，至于八月，文明之質衰，離運終焉。仲秋陰形于兌，始循萬物之末，為主於內，群陽降而承之，極於北正，而天澤之施窮，兌功究焉。故陽七之靜始於坎，陽九之動始于震，

　　陰八之靜始于離，陰六之動始于兌。故四象之變，皆兼六爻，而中
　　節之應備矣。〔註21〕

孟喜以古代筮法所得餘數六、七、八、九相加，比附一月有三十日之數。每月經過五個卦，每個卦六日餘，即「卦以地六，候以天五」，經過一個月，陰陽消長（氣候）產生一變，即「消息一變」。如此經過十二個月，完成了一年的循環，即「十有二變而歲復初」。其次，將坎、離、震、兌四卦抽離，分別代表春夏秋冬四季二十四節氣的變化，二十四節氣蘊含在四卦的二十四個爻中。四卦的初爻分別代表「冬至、春分、夏至、秋分」，即「其初則二至、二分也」。除了坎、離、震、兌四卦作為「四正」以外，其餘六十卦分別配以一年 365 又 4 分之 1 日，每卦得 6 又 80 分之 7 日，這就是卦氣六日七分的由來。將六十四卦巧妙的嵌入曆法之中，使得卦爻與自然變化間的關係緊緊扣合，乃至每日的變化，無不可用卦氣的系統予以解釋。

　　其次，孟喜將六十卦中，取〈復〉、〈臨〉、〈泰〉、〈大壯〉、〈乾〉、〈姤〉、〈遯〉、〈否〉、〈觀〉、〈剝〉、〈坤〉等十二卦，以諸卦卦畫中所呈現的陰陽消長之象，比附於十二月，以此十二卦代表十二月。十二卦共七十二爻，代表曆書中七十二候的自然象徵。經過孟喜結合曆法以解說卦爻，使兩種系統緊密相連，這對於以《易》談陰陽災異來說，有相當大的幫助。然而，何以孟喜並無以卦氣談論災異的相關史料呢？考《漢書・儒林傳》，漢昭帝時「博士缺，眾人薦喜。上聞喜改師法，遂不用喜」，原先孟喜之學有機會被徵為博士備詢國事，但以「改師法」之由，不受帝王所用。以陰陽災異論經義，主要對象本為君王，若帝王不用此人經說，則卦氣說便無用武之地。孟喜與京房最大的不同在於，孟喜創卦氣說，但真正能影響帝王，則有待於京房之說。

　　孟喜所建立的是一套詮釋自然運行的系統，到了京房，除了延續孟喜、焦延壽的理論外，將更多精神放在災異解釋上。通觀《漢書》中所記載京房《易》傳，可知京房在孟喜、焦延壽卦氣的基礎上，進一步論說災異。稱說災異可說是卦氣理論的具體運用，因為卦氣說延續《禮記・月令》的說法，若該時節不出現相對應的自然現象則為災異，卦氣在這方面容易發揮作用，因此在《漢書》中大量出現的京房《易傳》，幾乎全為災異的探討。京房論說災異，特色有三：第一，以歷史事實為資鑑，論說災異與人事的關係。第二，以《易經》卦爻辭義或物象，推演災異之理。第三，從自然事物中推演災異

〔註21〕《新校本唐書附索引》（台北：鼎文書局，1985 年），頁 598-599。

之緣由及後果。以歷史事實爲資鑑者，如《漢書・五行志》云：「史記曰：秦武王三年渭水赤者三日，昭王三十四年渭水又赤三日。劉向以爲近火沴水也。秦連相坐之法，棄灰於道者黥，罔密而刑虐，加以武伐橫出，殘賊鄰國，至於變亂五行，氣色謬亂……京房易傳曰：『君湎于酒，淫于色，賢人潛，國家危，厥異流水赤也』」〔註22〕，歷史上曾因帝王荒淫，賢人退去，國家傾危之時，曾有過渭水顏色轉赤的異象，京房紀錄歷史上曾出現過的災異，在占筮推論時，有所取於史書。這樣的方法屢見於西漢史冊之中，而以劉向爲代表，《漢書・楚元王交傳》載劉向事云：

> 詔向領校中五經祕書。向見《尚書・洪範》，箕子爲武王陳五行陰陽休咎之應。向乃集合上古以來歷春秋六國至秦漢符瑞災異之記，推跡行事，連傳禍福，著其占驗，比類相從，各有條目，凡十一篇，號曰洪範五行傳論，奏之。〔註23〕

劉向校領古籍時，集合「上古以來歷春秋六國至秦漢符瑞災異之記，推跡行事，連傳禍福，著其占驗，比類相從，各有條目」，也就是集合古來一切災異的紀錄，並予以分類，考察災異與所發生的事情是否相符。這種方法，自董仲舒以來時常採用，以作爲勸說君王的「古證」，試圖說服君王以改變政令。京房理論體系同樣採用許多古代災異的紀錄，並加以整理以成解釋系統。

京房以《易經》卦爻辭義或物象，推演災異之理者，大量見於《漢書・五行志》，例如：

> 成帝建始元年四月辛丑夜，西北有如火光。壬寅晨，大風從西北起，雲氣赤黃……是歲，帝元舅大司馬大將軍王鳳始用事；又封鳳母弟崇爲安成侯，食邑萬戶……京房易傳曰：「經稱『觀其生』，言大臣之義，當觀賢人，知其性行，推而貢之，否則爲聞善不與，茲謂不知，厥異黃，厥咎聾，厥災不嗣。黃者，日上黃光不散如火然，有黃濁氣四塞天下。蔽賢絕道，故災異至絕世也。經曰『良馬逐』。逐，進也，言大臣得賢者謀，當顯進其人，否則爲下相攘善，茲謂盜明，厥咎亦不嗣，至於身僇家絕。」〔註24〕

《漢書・五行志》引京房之說，由於是東漢時期才予以選用，因此選擇京房

〔註22〕同註1，頁1438。
〔註23〕同註1，頁1950。
〔註24〕同註1，頁1499-1450。

《易傳》的原則在於其「占驗」之效。京房以爲《易經》〈觀〉卦上九象辭云「觀其生」，於人事上象徵大臣應當善於舉用賢人，若不能推舉賢人，則有「日上黃光不散如火然，有黃濁氣四塞天下」的異象。若不知改進，則有絕嗣之憂。《漢書・五行志》對照京房之後成帝事蹟，以爲京房之說有驗於後世，因而將此條錄於史書中。京房《易傳》現今雖不見全本，但可以想見，以《易經》卦爻辭發揮人事變化之理，透過陰陽災異的現象，論說天人感應的現象當爲數更多。京房以「得賢者謀，當顯進其人」爲天意所趨，也體現京房卦氣說之天道觀中，有著濃厚的儒家以德爲本的政治道德理念。

京房從自然事物中推演災異之緣由及後果的紀錄屢見不鮮，如《漢書・五行志》云：

> 庶徵之恆陽，劉向以爲春秋大旱也。其夏旱雩祀，謂之大雩。不傷二穀，謂之不雨。京房易傳曰：「欲德不用茲謂張，厥災荒。荒，旱也，其旱陰雲不雨，變而赤，因而除。師出過時茲謂廣，其旱不生。上下皆蔽茲謂隔，其旱天赤三月，時有雹殺飛禽。上緣求妃茲謂僭，其旱三月大溫亡雲。居高臺府，茲謂犯陰侵陽，其旱萬物根死，數有火災。庶位踰節茲謂僭，其旱澤物枯，爲火所傷。〔註25〕

「庶徵之恆陽」，與《尙書・洪範》所云「曰僭，恆暘若」極爲相似，京房以爲「上緣求妃茲謂僭」、「庶位踰節茲謂僭」，「僭」即僭越，顯然在災異解說上受到《尙書・洪範》影響。京房在《尙書・洪範》論災異的基礎下，發揮「庶徵之恆陽」的異象，並擴張解釋執政者各種不合乎儒家治道的行爲，如「欲德不用茲謂張」、「師出過時茲謂廣」、「上下皆蔽茲謂隔」、「居高臺府」等行爲，皆會感應不同的旱象，這是「天」對於無道之政所下達的譴告，目的在於警告國君當知所警惕，否則將引發更大的災害。

另外，京房不同於孟喜之處，在於以音律配合曆政、易卦，顯然有取於《淮南子・天文訓》、《禮記・月令》等篇章〔註26〕，《漢書・律曆志》載其說云：

> 元帝時，郎中京房知五聲之音，六律之數。上使太子太傅玄成、諫

〔註25〕同註1，頁1385-1386。
〔註26〕《淮南子・天文訓》云：「一律而生五音，十二律而爲六十音，因而六之，六六三十六，故三百六十音以當一歲之日。故律曆之數，天地之道也。」見許匡一：《淮南子》（台北，台灣古籍出版有限公司，2000年），頁189。

議大夫章，雜試問房於樂府。房對：「受學故小黄令焦延壽。六十律
相生之法：以上生下，皆三生二，以下生上，皆三生四，陽下生陰，
陰上生陽，終於中呂，而十二律畢矣。中呂上生執始，執始下生去
滅，上下相生，終於南事，六十律畢矣。夫十二律之變至於六十，
猶八卦之變至於六十四也。宓羲作易，紀陽氣之初，以為律法。建
日冬至之聲，以黄鍾為宮，太蔟為商，姑洗為角，林鍾為徵，南呂
為羽，應鍾為變宮，蕤賓為變徵。此聲氣之元，五音之正也。故各
統一日。其餘以次運行，當日者各自為宮，而商徵以類從焉。禮運
篇曰『五聲、六律、十二管還相為宮』，此之謂也。以六十律分期之
日，黄鍾自冬至始，及冬至而復，陰陽寒燠風雨之占生焉。」〔註27〕

京房此說有別於孟喜之處，在於除了延續孟喜卦氣說的體系外，更結合音律
以說明一年四季陰陽的變化。卦氣說的要點，乃以陰陽變化為基準，結合曆
法與卦爻以說明自然人事之變化。史稱京房「好鍾律，知音聲」，京房以卦氣
說結合自身音律之學，產生出新的占筮體系。京房以為音律之生與卦爻相同，
皆始於陰陽二氣的變化，所謂「陽下生陰，陰上生陽，終於中呂，而十二律
畢矣」，十二律各有五音，而成六十律，以配合曆法上一年的自然變化。以陰
陽變化為主軸，結合卦爻、音律、曆法，進行「陰陽寒燠風雨之占」，是京房
易說的特色所在。

三、卦氣說中體現之天道觀

京房的卦氣說，在理論上是對孟喜卦氣之說的繼承與開展，除沿用十二
月卦、卦氣六日七分、以卦爻配曆法外，還結合了古代音律結合曆法的知識，
以形成更緊密的體系。京房的作法，一方面是將自身理論體系建構得更為完
備，另一方面則是繼承並開展古人之說，以增加理論的厚實度。京房之所以
這麼做，目的何在？筆者以為，理論體系的完備與緊密，是為了加強卦氣說
的說服力，而說服的對象就是君王。以西漢經學家理論發展的角度來看，災
異之說結合經學，突顯了兩件事實：第一是代表著秦漢以來陰陽災異之說已
經深入各階層之中。經學家之所以結合陰陽災異，目的在於說服君王，但說
服的前提，在於帝王能夠理解陰陽相關的學說，西漢經學存在大量的陰陽災

〔註27〕 〔劉宋〕范曄撰、〔梁〕劉昭注補、〔唐〕李賢注：《新校本後漢書并附編十三
　　　　種》（台北：鼎文書局，1991 年），頁 3000。

異思想，表示當時不僅帝王能接受並理解陰陽災異的體系，並且陰陽災異學說已經滲透到社會各個層次之中，而成爲當時人們所能理解的共同語言。否則，經學家苦心孤詣所比附建構的陰陽災異經學，在帝王面前只會被當作是異端，而受到嚴重的懲罰。第二，由第一點往上推，既然經學家稱說陰陽，必須在帝王能理解的前提下才能進行溝通，如此則可以肯定在董仲舒以陰陽災異思想說服漢武帝接受儒學之前，陰陽五行思想就已經有相當程度被人們所接受與理解，否則漢武帝將無法理解該體系的理論〔註28〕。漢武帝接受董仲舒所改造的儒學，並不是說陰陽五行之學開始受到帝王重視，而是意味著經學的法定化，連帶著陰陽五行之學也被帝王所默許，進而影響到各經之中。在這樣的學術氣氛下，西漢陸續出現大量與陰陽五行之說有關的解經論著也不足爲怪。因此，在武帝立各經博士之後，按理博士弟子員應當恪遵師法，但在各經之中卻陸續出現違背師說的情形，足見當時陰陽五行的盛行與董仲舒等人的得勢，使得部分學者頗有附會流行的情形出現，孟喜的卦氣說就是在這種氣氛下所產生的。

然而，既然各經皆有以經義比附陰陽災異的情形，何以帝王需要聽從若干學者的見解？這就回到前面所提到的，經學結合災異，是爲了附和當時盛行的陰陽家說，以加強自身說服力，進而影響君王的決策，這是西漢經學家的終極目標。京房在孟喜的基礎上，爲了更加強理論的說服力，故而結合曆法、音律與卦爻以解說災異，透過嚴密的理論，確立理論中天道觀的完整性。

京房在運用卦氣說方面，以《漢書·眭兩夏侯京翼李傳》爲代表，其中記載：「辛酉以來，蒙氣衰去，太陽精明，臣獨欣然，以爲陛下有所定也。然少陰倍力而乘消息」、「『乃辛巳，蒙氣復乘卦，太陽侵色，此上大夫覆陽而上意疑也。己卯、庚辰間，必有欲隔絕臣，令不得乘傳奏事者。』復上封事曰：『乃丙辰小雨，丁亥蒙氣，然少陰並力乘消息，戊子益甚，至五十分，蒙氣

〔註28〕 由《呂氏春秋·音律》云：「大聖至理之世，天地之氣，合而生風，日至則月鐘其風，以生十二律。仲冬日短至，則生黃鐘……天地之風氣正，則十二律定矣」以音律生於天地之氣，合於十二月之數。另外，已出土的放馬灘秦簡《占卦》中亦有「以五音十二聲爲某貞卜」。足見在京房以前，已有以音律結合卜卦，並認爲音律生於天地之氣的說法。京房結合音律、卦爻、曆法占筮體系的建立當是前有所承的。由《呂氏春秋》、《淮南子》以及出土秦漢之際的簡帛考察，可以知道在秦漢之際，音律、卦爻、曆法、陰陽五行等範疇在不同程度上被交雜比附，形成漢代雜採各家的知識系統的一部分。因此可以推知，在漢武帝時，對於陰陽五行、曆法、音律等互相比附的情形並非陌生。

復起。此陛下欲正消息，雜卦之黨並力而爭，消息之氣不勝』」〔註29〕，孟喜卦氣理論中，二月以〈大壯〉卦爲辟卦，即君主的位置，其餘〈需〉、〈隨〉、〈晉〉、〈解〉分別爲侯、大夫、卿、公卦，對應人間的爵位。京房二月上書，因此〈大壯〉卦爲君，對應君王位置，其中「辛酉」、「辛巳」、「己卯」等爲日干支紀錄，由該月某日天象變化，推測人事上的變化。京房所謂「乃辛巳，蒙氣復乘卦，太陽侵色」，進而推論「此上大夫覆陽而上意疑也」，認爲卦氣間的不協調，象徵著君王身旁有邪僻之人的干擾，使君主不能行正道。當漢元帝時，石顯當權，京房上書意在勸告國君遠離石顯等人，否則「陛下欲正消息，雜卦之黨並力而爭，消息之氣不勝」，國君不能頒行正確的政令，導致卦氣悖亂。象徵小人的「蒙氣」，亦即〈解〉、〈晉〉兩卦，在人事上對應公、卿，京房此處明顯指涉石顯等人，京房其後也明確指出「中書令石顯、尚書令五鹿君相與合同，巧佞之人也」，欲君王任賢能而遠小人，如此則能「卦氣理效」。

　　京房的天道觀，在邏輯上是先由宇宙論的確立，再申論本體論的法則。其中宇宙論的部份，透過曆法與卦爻的結合，說明天地變化的規律，與人事的變化。孟喜與京房皆相同，宇宙論所建立的是一機械式的運轉，四時變化的現象皆納入此宇宙論體系中，若有違反此規則，則被視爲災異。由前文探討可知，京房在孟喜卦氣說的基礎下，大量論說災異的現象，是卦氣說實際運用。在本體論方面，京房仍舊延續儒家德治爲本的基調，認爲「天」有意志，而天意是崇善去惡的，《漢書·眭兩夏侯京翼李傳》中京房勸告漢元帝的準則在「古帝王以功舉賢，則萬化成，瑞應著，末世以毀譽取人，故功業廢而致災異。宜令百官各試其功，災異可息」，「天」有感於人事的變化而呈現各種現象以告示，若符合天意之善，則應以「瑞應」；若違反天意之善，則應以「災異」，這與董仲舒以來儒者論災異的精神是一致的。京房在討論災異的當下，同時也寄寓了自身天道觀中對於本體論的看法。首先，京房先確立人

─────────────────────

〔註29〕　惠棟解釋京房此段文字云：「上封事曰：『乃辛巳蒙復氣乘卦，太陽侵色』。張晏注曰：『晉卦解卦也；太陽侵色，謂大壯也。』案大壯辟卦也，乾九用事，故云太陽，晉解雜卦也，皆主二月。晉九卿也，解三公也，皆雜卦。太陽侵色，雜卦干消息也。」據孟喜卦氣說，二月共有〈需〉（侯）、〈隨〉（大夫）、〈晉〉（卿）、〈解〉（公）及〈大壯〉（辟）五卦，京房以五卦比附人事位階，進而論述得失。見惠棟：《易漢學》，收錄於《叢書集成初編》（北京：中華書局，1985），頁13。

格神，即「天」的存在，自然社會基於天人感應的架構，使得人事的運作可以感應上天。「天」的具體意志，早在經中已有明言，《尚書・泰誓》云：「天視自我民視，天聽自我民聽」，「天」的意志具體反映在人民的心聲上，這意味著統治者治理人民需當恭敬謹慎，若使人民受苦，則等同於違反天意。人事若有不合乎治道，以天人感應的理論，則會顯示各種災異，京房所著重的，就在於各種災異所顯示的象徵與警告，《詩經・大雅・文王之什》云：「天命靡常」，若國君不從災異中得到教訓，而從事改正，則有更大的災難，甚至有傾覆之危。京房《易傳》所強調的治道，無非就是儒家政治道德的內容，卦氣學中天道觀的內容，也圍繞著以儒家道德仁義指導國君的中心命題，卦氣說的完備是爲了使儒家仁道更具有說服力，進而能影響當時漢元帝的作爲。

四、結　語

　　卦爻結合曆法、音律結合占筮的體系，早在秦漢之際就已經發展，經《呂氏春秋》、《淮南子》、帛書《易傳》考察，可知秦漢之際學術融合的趨勢，使得漢代學術背景，是處於一龐雜的思想體系下。在各家雜揉，及陰陽災異思想滲入經說之下，基本上當時人普遍對於陰陽災異思想是能夠接受的，這也說明了何以西漢董仲舒、夏侯勝、翼奉、京房等人以陰陽災異解說經義，國君能接受，而不視爲異端的原因，只因爲陰陽災異已經是當時普遍盛行的思想，這是由秦始皇、漢武帝等人的愛好而推至極盛的。因此，西漢經說出現災異內容，是爲了迎合君王需要及理解，而以當時盛行的陰陽之說解釋經義，企圖增強自身理論的說服力，以求國君能任用己說，進而成一家之言，以影響政治。

　　孟喜卦氣說的成立，在於將卦爻與曆法結合爲一嚴密的體系，進而說明人事的變化。京房繼承孟喜卦氣說，進一步結合音律，將卦氣說內容變爲更繁複的系統。由上文論述，可知西漢經學中充斥著以陰陽災異思想解釋經說的情形，目的無非是爲了取得國君的信任，進而影響政治，如《公羊》、《書》、《詩》等皆援引陰陽以作爲占驗災異之證，但說法上卻多半流於怪誕牽強，其中以翼奉之說爲最。然而，《易》本爲卜筮之書，因此經義作爲占驗之用並不突兀。又《易》本原於對自然物象的考察，故漢人結合曆法，在性質上並無太多衝突，雖以卦值日之說未免流於排比附會，但較他經而言，較能自圓其說。京房在孟喜的基礎上，加強補充了卦氣說的內容，每卦所對應的時日

皆有應當發生的天象，若違反此現象則視爲災異，這明顯受到秦漢以來日者之書的影響，從《呂氏春秋》、《淮南子》中可見理論發展的軌跡。京房強化了卦氣內容的絕對性，將卦爻所對應的一年天象視爲一機械式的運作，一切違反此運作的現象均爲災異，並且詳細說明不同災異的成因與後果，最終歸結於人事的作爲上，也就是執政的恰當與否，這在《漢書·五行志》所載《京氏易傳》中有許多說明的例證。討論卦爻與曆法、自然變化間的關係，是京房天道觀中有關宇宙論的論述，本體論上的論述則歸結於儒家仁道思想的發揮，延續了董仲舒以來漢儒論政的基調。

西漢卦氣說始於孟喜，而用於京房，建立完整的自然運行法則，以說明人事的成敗，目的同樣在於影響政事。孟喜由於改易師說而不見用於漢昭帝，到京房時則能以卦氣勸說君王，告以用賢之道，漢《易》發展爲卦氣說，到京房時取得成果，得以影響政治。但由於機械式的宇宙論體系，使得解說災異現象上變得過於固定死板，並且充滿神秘色彩，相較於儒家陳理以告誡君王而言，在根本上顯得詭譎而難知，王夫之曾予以批評〔註30〕，此說可謂的論。由於京房過於機械式的切割天地自然變化，在歸納卦爻運行與人事的變化上顯得僵化，即便「所言屢中」，取得君王的信任，過於神祕的色彩導致於「勸百而諷一」，削弱了儒家原始的仁道精神。

〔註30〕見清·王夫之：《讀通鑑論》，卷四：「蓋房之爲術，以小智立一成之象數，天地之化，且受其割裂，聖人之教，且恣其削補。道無不圓也，而房無不方，大亂之道也，侮五行而棓仁義者也。鄭弘、周堪從而善之，元帝欲試行之，蓋其補綴排設之淫辭有以熒之爾。取天地人物、古今王霸、學術治功，斷其長、擢其短，令整齊瓜分如弈者之局、廚人之釘也。此愚所以聞邵子之言而疑也，而況房哉」。

附錄二：
南朝經學義疏文獻輯佚出版書目七種提要

戴榮冠

一、前　言

　　「義疏」一體，始於東晉南北朝之際，爲南北朝解經之重要文本形式。南朝經學義疏，因宋、齊、梁、陳時代屢經動盪，戰禍頻仍下，經學之發揚傳播屢屢受挫。南北朝時未有印刷出版技術，書籍傳播需仰賴手寫傳鈔，流傳不廣，保存本屬不易。唐貞觀 12 年孔穎達奉詔帶領諸儒編纂五經義疏一百七十卷，原名爲《義贊》，後詔改稱《五經正義》。及至高宗永徽 4 年，「詔頒於天下，每年明經，依此考試（《唐會要》卷七十七）」。因此《五經正義》的編纂，使得經說歸於一統，學子讀經應試只需讀《五經正義》一書，於是，南北朝經學義疏著作在隋唐以後，便逐漸爲人所漠視，而漸漸消失。流傳千年迄今，幾無完本可讀，使吾人欲推求南北朝經學之全豹，卻每每受限於文獻之殘缺。

　　梁代皇侃《論語義疏》一書，由於東傳日本，幸得原貌，至清康熙九年，日人山井鼎等作《七經孟子考文》，著錄《論語義疏》一書，日後輾轉復歸中國。故現存最完整之南朝經學義疏，僅有梁皇侃《論語義疏》一書。其餘各經遺文，散見於古籍之中。

　　清代以來，輯佚諸家苦心收羅，逐漸拼湊南北朝經學原文，雖多半僅有隻字片語的鉤沉，也已開創。民國以後，更有學者接踵輯佚，後出轉精，補充內容，使得吾人欲管窺南北朝經學之樣貌，得以有部分殘卷及條目可供參

考。筆者整理清代、民國以來南朝義疏之學，仰賴前人文獻著作之多，特此申悃。並欲爲前人著作做簡要提要及篇目整理，爲日後進一步研究奠基。

二、清代輯佚南北朝經學述要

輯佚之起源，眾說紛紜，大體而言，以南宋王應麟整理鄭玄《周易注》、《尚書注》、《三家詩》，及鄭樵《通志·校讎略》提出「書有名亡實不亡」之說，作爲輯佚學發端的時間座標。然儘管輯佚可追朔到南宋，然實際成爲顯學，則是清中葉乾隆、嘉慶年間，與考據、辨僞等小學合稱「乾嘉之學」。

清代輯佚之風大盛，輯佚南北朝經學原文自然也是前輩學者致力的目標，其中南北朝義疏輯佚最著名且齊全者，爲馬國翰《玉函山房輯佚書》、黃奭《黃氏逸書考》、王謨《漢魏遺書鈔》三部書籍，其書籍提要及輯佚內容分述如下：

（一）馬國翰《玉函山房輯佚書》、王仁俊《玉函山房輯佚書續編》

馬國翰，字詞溪，號竹吾。一生從事古書輯佚，有自編《玉函山房藏書簿錄》及輯佚鉅著《玉函山房輯佚書》，其後有外孫李元璿整理著作輯成全集《玉函山房輯佚書》，有清光緒九年長沙嬛館補校刊本，現存於台灣國家圖書館。

馬國翰《玉函山房輯佚書》共八十卷，經編目錄依照《易》、《書》、《詩》、《周禮》、《儀禮》、《禮記》、通禮、《樂》、《春秋》、《孝經》、《論語》、《孟子》、《爾雅》、五經總義、緯書、小學等，是清代南北朝經學輯佚書中最重要的著作。清代有同治 10 年濟南皇華館書局刻本、光緒 9 年長沙琅環館刻本、光緒 10 年楚南書局刻本。民國以後，曾於 1967 年由台灣文海出版社出版《玉函山房輯佚書》，1990 年上海古籍出版社

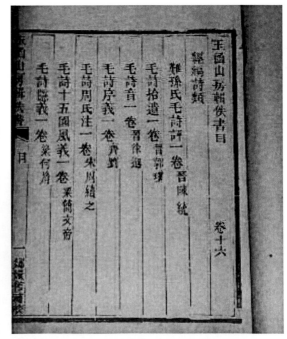

亦出版《玉函山房輯佚書》，2006 年山東大學出版社再次出版《玉函山房輯佚書》，是目前可見的通行本。

清代王仁俊在馬氏的基礎上，撰書補充缺漏之處。王仁俊爲清代史學家，輯有《玉函山房輯佚書續編》、《玉函山房輯佚書補編》和《經籍佚文》三部，皆是在馬國翰《玉函山房輯佚書》的基礎上增輯而成，通行本有上海古籍出版社 1989 年出版《玉函山房輯佚書續編三種》，2002 年上海古籍出版社另再版《玉函山房輯佚書續編》一書。值得注意的是，1990 年，日本京都中文出版社曾合馬國翰、王仁俊二人之書，編爲《玉函山房輯佚書及補遺》一書，幾冊幾卷本，未經滕打，收錄原書影本，是目前圖書館中通行的版本之一。

（二）黃奭《黃氏逸書考》

黃奭，本名黃錫麟，字右原，清代輯佚家。黃奭推崇鄭玄，一生從事古書輯佚，與馬國翰齊名，人稱「輯佚兩大家」。阮元稱其勤博，著有《黃氏逸書考》，共收羅二百餘種資料，其中《漢學堂經解》依《易》、《書》、《詩》、《禮》、《春秋》、五經總義、《孟子》、《爾雅》、小學、讖緯等次序收羅書籍，輯佚南北朝經學條文與馬氏互有詳略，可互參之。本書清代有清道光甘泉黃氏刻本，民國以後，有民國二十三年江都朱長圻補刻本，通行本有台灣藝文出版社 1972 年出版《黃氏逸書考》293 卷，乃以民國二十三年朱長圻補刻本爲底本。上海古籍出版社 1995 年亦出版《續修四庫全書》其中收錄《黃氏逸書考》。

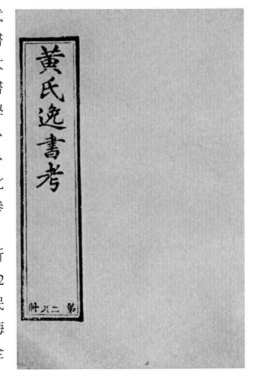

（三）王謨《漢魏遺書鈔》

王謨，字仁圃，一字汝上，清文獻學家。輯有《漢魏叢書》、《漢魏遺書鈔》、《漢唐地理書鈔》，其中《漢魏叢書》輯佚書 86 種。《漢魏遺書抄》收書

五百餘種，清代有清嘉慶三年金溪王氏刻本，現存於台灣故宮博物院。另有清乾隆五十七年金谿王氏刻本、清光緒二年紅杏山房刻本、清光緒二十年湖南藝文書局刻本、清宣統三年上海大通書局刻本。民國以後，通行本有北京圖書館 2001 年出版《漢魏遺書鈔》，上海古籍出版社 2002 年出版《漢魏遺書鈔》一百四十卷。

以上三書，分別收羅南北朝經學遺文，雖互有異同，但相互參酌下仍可勾勒出南北朝經學樣貌。除收羅遺文外，三書更逐條考證南北朝經學條文出處，便於學者查核出處，因此已成為研究南北朝經學之必備參考書。

三、民國以來輯佚南北朝經學述要

民國以來，針對南北朝各經亦有輯佚補闕之作，乃在清人的基礎上，更推進一步。並隨著學術分科日趨細密，學者多針對單一經書進行深入的考佚，與清人百科全書式的全面蒐集，有顯著的差異。其中以黃慶萱《魏晉南北朝易學書考佚》、柯金虎《魏晉南北朝禮學書考佚》、沈秋雄《三國兩晉南北朝春秋左傳學佚書考》、簡博賢《今存南北朝經學遺籍考》四書為代表，分述如後：

（一）黃慶萱《魏晉南北朝易學書考佚》

黃慶萱《魏晉南北朝易學書考佚》一書，乃以清人研究成果為基礎，整理各家輯佚魏晉南北朝易經佚文，並進一步收羅魏晉南北朝易學類著作佚文。該書之撰寫，乃先論魏晉南北朝各易學家之生平，其次考證其書其學，再次即逐條考證易學佚文之出處、意蘊，並評論諸家易學之得失、源流。其次，該書之輯佚，乃以張惠言《易義別錄》、孫堂《漢魏二十一家易注》、馬國翰《玉函山房輯佚書》、黃奭《黃奭逸書考》等書為底本，更進一步收羅古籍，以求佚文更為豐富，如劉瓛《周易乾坤義疏》、《繫辭義疏》二書，張惠

言《易義別錄》共輯十五條，孫堂《漢魏二十一家易注》共輯十三條，馬國翰《玉函山房輯佚書》共輯十六條，黃奭《黃奭逸書考》共輯十八條，本書經由釋慧琳《一切經音義》一疏補缺，共輯 25 條，已大大補足前人所未輯。此外，本書逐條考證出處及清代各家輯佚謬誤，並爲之疏釋經義，比較得失，考證易學思想，對南北朝易學條文進行全面且深入之剖析，爲研究南朝經學不可缺之書。

（二）柯金虎《魏晉南北朝禮學書考佚》

柯金虎《魏晉南北朝禮學書考佚》一書，分章羅列魏晉南北朝各家禮學著作殘文，首先介紹作者生平，其次逐條疏釋各家條文，廣引各書爲證，評論經義得失，歸納魏晉南北朝各代禮學之特徵，用功頗深。輯佚方面，則以馬國翰《玉函山房輯佚書》、黃奭《黃奭逸書考》、王謨《漢魏遺書鈔》爲底本，統計三家輯佚出入，如邯鄲綽《五經析疑》一書，王謨《漢魏遺書鈔》本輯六條，馬國翰輯本則有篇目而無條文，但王氏仍漏輯「天子一歲七祭天」一條。馬國翰《玉函山房輯佚書》缺「爲慈母之服」一條，本書作者據《通典》卷九十四輯入。其次，本書條列清代諸家誤輯條文，如王謨《漢魏遺書鈔》輯射慈《禮記音義隱》，誤入何胤《禮記隱義》十九條，書中辨析舉證，使後人免於誤引誤用，本書實有補缺辨僞之功。

（三）沈秋雄《三國兩晉南北朝春秋左傳學佚書考》

沈秋雄《三國兩晉南北朝春秋左傳學佚書考》一書，以時代爲次，收羅三國兩晉南北朝《左傳》學佚書，各書先論撰者生平，次論其書與其學，其後逐條論析各著作。本書疏釋各家佚文，以《春秋》經傳爲本，古代器物、韻書、輿地之書等爲輔，反覆推敲文義，以斷定各家是非，並進而推論各家《春秋》學之底蘊。在輯佚方面，本書以余蕭客《古經解鉤沉》、王謨《漢魏遺書鈔》、洪頤煊《經典集林》、黃奭《黃氏逸書考》、馬國翰《玉函山房輯佚書》等書爲輯佚底本，進而收羅古籍之中殘文，如宋賀道養《春秋序注》、陳沈文阿《春秋左氏經傳義略》云：「下云經無義例，此釋《經》有義例，謂孔子修經，微其顯事，闡其幽理，裁節《經》之上下，以成義之般類。……諸《春秋》褒貶之例并是也」，本文出於《五經正義》，清代各家均未收羅此文。本書網羅佚文，除補諸家漏輯外，更考證諸家誤輯、贅輯、錯置條目，爲後人研究南北朝《左傳》學做了文獻考證及經文闡釋的重要貢獻。

（四）王書輝《兩晉南北朝爾雅著述佚籍輯考》

王書輝《兩晉南北朝爾雅著述佚籍輯考》一書，輯錄郭璞《爾雅音義》、《爾雅注》、《爾雅圖》、《爾雅圖讚》、沈旋《集注爾雅》、施乾《爾雅音》、謝嶠《爾雅音》顧野王《爾雅音》等八種，以清人張溥《漢魏六朝一百三家集》、余蕭客《古經解鉤沉》、王謨《漢魏遺書鈔》、孫志祖《讀書脞錄》、嚴可均《爾雅圖贊》、錢熙祚《爾雅圖贊》、董桂新《爾雅古注合存》、馬國翰《玉函山房輯佚書》、黃奭《黃氏逸書考》、葉蕙心《爾雅古注斠》、王樹柟《爾雅郭注佚存補訂》等十一家為底本，整理編輯後，再自行輯佚校補。其中郭璞《爾雅音義》、《爾雅注》共輯六百五十八條，《爾雅圖》、《爾雅圖讚》輯五十三條，沈旋《集注爾雅》輯七十一條，施乾《爾雅音》輯九十七條，謝嶠《爾雅音》輯一百三十一條，顧野王《爾雅音》輯一百零一條，較之清人所輯，成果更為豐碩。清人所未輯者，書中廣蒐古籍加以輯補，收羅佚文涵蓋範圍包括類書、字書、音義書、群經義疏、史書、諸子百家、道藏、博物等書籍。另如清人誤輯、校對錯誤等訛脫衍倒、割裂分置之文獻缺失，書中也詳加考證，訂補缺失，使吾人得以深入瞭解兩晉南北朝時期《爾雅》學發展概況，也能了解當時漢字詞義的發展情形，及提供兩晉南北朝音韻研究之題材，在南北朝經學文獻學方面，可謂貢獻良多。

四、結　語

南朝義疏與經學，至今雖幾已亡佚殆盡，但有賴清代以來各家輯佚之作，才能逐漸勾勒出當代經學的樣貌。上述七種出版書籍，為筆者目前所見較為深入輯佚南朝義疏原文之作，清人馬國翰、黃奭、王謨等所收佚文之廣，不得不令人嘆服其閱書之廣，揀擇編綴之勤，使後人得以在此基礎上，更進一步收羅遺文。民國以後，南北朝經學輯佚以黃慶萱先生《魏晉南北朝易學書考佚》一書為濫觴，本書收羅宏富，校勘甚精，且深入闡發魏晉南北朝易學內涵，無論在寫書凡例之格局，或闡釋佚文之方法，均對後來經學輯佚之書有著深遠的影響。其後柯金虎《魏晉南北朝禮學書考佚》、沈秋雄《三國兩晉南北朝春秋左傳學佚書考》及王書輝《兩晉南北朝爾雅著述佚籍輯考》三書，無論是闡釋經義，或收羅、考證佚文，均有相當之貢獻度。筆者不揣敝陋，僅舉清代以來輯佚南朝經學之七部要籍，逐一介紹內容，望能對南朝經學研究者有所裨益。

附表：清代以來各家義疏輯佚篇目表

凡例：

（1）本表列南北朝經學輯佚著作，以《玉函山房輯佚書》、《續編》、《黃氏逸書考》、《漢魏遺書鈔》爲主。

（2）書名以《玉函山房輯佚書》目錄名稱爲準，《續編》、《黃氏逸書考》、《漢魏遺書鈔》書名相異者，列於各欄之中。相同者則以「Ｖ」表示。

（3）本表依「易」、「書」、「詩」、「樂」、「春秋」、「孝經」、「論語」、「孟子」、「爾雅」、「五經總類」，依次編列。各類之中，再按作者年代大致先後、先南朝後北朝方式編列。

編號	書名	（時代）作者	玉函山房輯佚書	玉函山房輯佚書續編	黃氏逸書考	漢魏遺書鈔
1	周易繫辭荀氏注	（宋）荀柔之撰	Ｖ			
2	周易繫辭明氏注	（南齊）明僧紹撰	Ｖ			
3	周易劉氏義疏	（南齊）劉瓛撰	Ｖ	Ｖ		
4	乾坤義	（南齊）劉瓛撰			Ｖ	
5	繫辭疏	（南齊）劉瓛撰			Ｖ	
6	顧歡周易繫辭注	（南齊）顧歡撰			Ｖ	
7	周易大義	（梁）蕭衍撰	Ｖ			
8	周易伏氏集解	（梁）伏曼容撰	Ｖ			
9	周易褚氏講疏	（梁）褚仲都撰	Ｖ		褚氏易注	
10	周易周氏義疏	（陳）周弘正撰	Ｖ		周氏易注	
11	周易張氏講疏	（陳）張譏撰	Ｖ			
12	周易劉氏注	（北魏）劉昞撰	Ｖ			
13	周易劉晝義	（北齊）劉晝撰		Ｖ		
14	毛詩周氏注	（宋）周續之撰	Ｖ			毛詩序義
15	毛詩序義	（南齊）劉瓛等撰	Ｖ			
16	毛詩十五國風義	（梁）蕭綱撰	Ｖ			
17	毛詩隱義	（梁）何胤撰	Ｖ			
18	集注毛詩	（梁）崔靈恩撰	Ｖ	毛詩集注		
19	毛詩沈氏義疏	（梁）沈重撰	Ｖ	Ｖ		

編號	書　名	（時代）作者	玉函山房輯佚書	玉函山房輯佚書續編	黃氏逸書考	漢魏遺書鈔
20	毛詩箋音義證	（後魏）劉芳撰	V			毛詩箋音證（義問附）
21	尙書亡篇序	（梁）劉叔嗣撰				V
22	周官禮義疏	（後周）沈重撰	V			
23	周禮戚氏音	（陳）戚袞撰	V			
24	集注喪服經傳	（宋）裴松之撰	V			
25	略注喪服經傳	（宋）雷次宗撰	V		喪服經傳注	喪服略注
26	喪服難問	（宋）崔凱撰	V			
27	周氏喪服注	（宋）周續之撰	V			
28	喪服世行要記	（宋）王逡之撰	V			
29	禮記略解	（宋）庾蔚之撰	V			
30	喪服古今集記	（南齊）王儉撰	V			
31	禮記隱義	（梁）何胤撰	V	V		
32	禮記新義疏	（梁）賀瑒撰	V			
33	禮記皇氏義疏	（梁）皇侃撰	V			
34	禮記義證	（後魏）劉芳撰	V			
35	禮記沈氏義疏	（北漢）沈重撰	V			
36	禮記熊氏義疏	（後周）熊安生撰	V			
37	逆降義	（宋）顏延之撰	V			
38	禮論答問	（宋）徐廣撰	V			
39	禮論	（宋）何承天撰	V			
40	禮論條牒	（宋）任豫撰	V			
41	禮論鈔	（宋）庾蔚之撰	V			
42	禮論要鈔	（宋）荀萬秋撰	V			
43	禮義答問	（南齊）王儉撰	V			
44	禮雜問答鈔	（梁）何佟之撰	V			
45	禮疑義	（梁）周捨撰	V			
46	三禮義宗	（梁）崔靈恩撰	V	V	V	V
47	禮統	（梁）賀述撰	V			
48	謚法	（梁）賀琛撰				V
49	明堂制度論	（後魏）李謐撰	V			
50	樂社大義	（梁）蕭衍撰	V			
51	鐘律緯	（梁）蕭衍撰	V			

編號	書　名	（時代）作者	玉函山房輯佚書	玉函山房輯佚書續編	黃氏逸書考	漢魏遺書鈔
52	古今樂錄	（陳）沙門智匠	V			V
53	樂書	（後魏）信都芳撰	V			
54	樂律義	（後周）沈重撰	V			
55	春秋左氏經傳義略	（陳）沈文阿撰	V			
56	續春秋左氏傳義略	（陳）王元規撰	V			
57	難杜	（後魏）衛冀隆撰				V
58	春秋傳駮	（後魏）賈思同撰秦道靜述	V			
59	齊永明諸王孝經講義	（南齊）□□撰	V			
60	孝經劉氏說	（南齊）劉瓛撰	V			
61	孝經義疏	（梁）蕭衍撰	V			
62	孝經嚴氏注	（梁）嚴植之撰	V			
63	孝經皇氏義疏	（梁）皇侃撰	V			
64	論語顏氏說	（宋）顏延之撰	V			
65	論語琳公說	（宋）釋慧琳撰	V			
66	論語沈氏訓注	（南齊）沈驎士撰	V			
67	論語顧氏注	（南齊）顧歡撰	V			
68	論語梁武帝注	（梁）蕭衍撰	V			
69	論語太史氏集解	（梁）太史叔明撰	V			
70	論語褚氏義疏	（梁）褚仲都撰	V			
71	集注爾雅	（梁）沈旋撰	V			
72	論語義疏	（梁）皇侃撰				V
73	爾雅顧氏音	（梁）顧野王撰	V			
74	爾雅施氏音	（陳）施乾撰	V			
75	爾雅謝嶠音	（陳）謝嶠撰	V			
76	五經要義	（宋）雷次宗撰	V		V	
77	五經析疑	（宋）邯鄲綽撰				V
78	六經要注	（後魏）常爽撰	V			
79	五經疑問	（後魏）房景先撰				V
80	七經義綱	（後周）樊文深撰	V			V